Bismarck

Bismarck et la France

L'Histoire du Chancelier de Fer

Jacques Bainville

Editions Le Mono

Collection « *Les Pages de l'Histoire* »

Connaître le passé peut servir de guide au présent et à
l'avenir.

ISBN : 978-2-36659-445-4

EAN : 9782366594454

« Quoique travaillant pour le compte d'une monarchie légitime, Bismarck avait fait une politique révolutionnaire. C'était là, il le savait, la partie faible et vulnérable de l'unité allemande. »

La jeunesse et les premières armes de Bismarck

I
Les années d'apprentissage

On peut dire que, de 1815 à 1870, la vie politique de l'Europe entière a été dominée par le souvenir de Napoléon. C'est l'influence, la volonté, le génie napoléoniens qui se faisaient partout sentir. Tyran des imaginations après avoir été tyran des peuples, ce souvenir de Bonaparte s'imposait en toute circonstance, son image obsédait les yeux, son histoire hantait les orateurs et les écrivains.

Il semble que, depuis 1870, ce rôle-là soit dévolu à Bismarck. L'Europe contemporaine est si fortement marquée de son empreinte qu'à tout moment on évoque l'homme d'État prussien. L'unité allemande, la triplice, la paix armée : autant de faits et de circonstances qui conditionnent toute la vie publique, et par conséquent aussi toute la vie privée de nos jours ; autant de faits et de circonstances dont la responsabilité remonte à Bismarck. Il n'est pas jusqu'au régime républicain en France qui ne porte sa signature et ne lui doive le jour. Quelques efforts qu'on ait tentés pour s'affranchir du chancelier prussien et de sa politique, l'Europe d'aujourd'hui est une Europe bismarckienne. Il est donc naturel que la personne même de Bismarck, sa vie et son caractère soient objets de curiosité. Le chancelier de fer n'a pas encore eu son poète, mais il a sa légende. On ne l'a pas encore choisi comme « professeur d'énergie » ni comme excitateur des jeunes ambitions, ce que sans doute il mériterait presque autant que Bonaparte. Mais si la littérature bismarckienne n'a pas donné jusqu'ici de chef-d'oeuvre, elle est pourtant déjà considérable, et la France même y a largement contribué. Après M. Andler, après M. Charles Benoist et leurs essais psychologiques, M. Paul Matter a entrepris d'écrire une biographie complète et détaillée du prince de Bismarck. Nous allons essayer de résumer son récit des années d'apprentissage que fit Bismarck à diverses écoles. C'est, dans la vie de son héros, ce que M. Paul Matter appelle la *Préparation*, Cette période s'étend de 1815 à 1862. Certes, ce n'est, ni par les événements, ni par le caractère du personnage, ni aussi brillant ni aussi évocateur pour l'imagination que les débuts de Bonaparte. Mais ce qu'il y a d'âpre et de triste dans la jeunesse de Bismarck, le peu de ménagements que la vie eut pour lui au temps de la formation de ses idées, annonce et explique la brutalité de son œuvre, sa ténacité, sa misanthropie et cette espèce de névrose qui était la faiblesse secrète du colosse poméranien.

Les Bismarck étaient des hobereaux de caractère rude et violent, grands chasseurs, grands mangeurs, grands buveurs, fidèles serviteurs de la dynastie, soldats par goût et par tempérament. La difficile gestion de leurs biens dans un pays pauvre avait fait de ces gentilshommes fermiers et porchers d'assez bons administrateurs. Autant de traits communs à toute la lignée et dont hérita Bismarck. Sa mère, qui avait du penchant pour le bel esprit, ajouta peut-être à ce patrimoine la rapidité et l'ampleur de l'intelligence. Si l'on dit encore qu'Otto naquit en 1815, qu'il fut élevé dans l'exécration de la France, le souvenir des heures tragiques de la Prusse et l'enthousiasme du relèvement national qui devait finir par le grand mouvement de l'unité allemande, on aura les principaux éléments du caractère et de la personnalité de Bismarck.

Bismarck était un brutal. Il ne montra de douceur qu'à un seul être au monde : sa femme. Mais il faut reconnaître qu'il n'avait guère été dressé à la tendresse. Dès six ans, ses parents s'étaient déchargés du soin de son éducation sur les maîtres d'un pensionnat où les jeunes élèves étaient menés tambour battant. Bismarck garda toujours un mauvais souvenir de l'institution Plamann, où la discipline était de fer et la nourriture spartiate. À douze ans, il change de prison et il entre au gymnase. Là, il a la chance de rencontrer un professeur qui pressent que ce petit garçon sera quelqu'un : « Il avait, a écrit ce clairvoyant pédagogue, un bon visage joyeux et ouvert, des yeux limpides et brillants, quelque chose de jeune et de gai. Je me dis tout de suite : Voilà un gentil gamin. Je m'occuperai particulièrement de lui. » Et c'est ce professeur obscur qui donna à Bismarck le goût de l'étude, comprit, enrichit et développa ses dons.

À dix-sept ans, « c'était un grand garçon de taille élancée, le front haut sous la chevelure abondante, le regard droit et ferme ». Il était d'une franchise de caractère poussée jusqu'à la violence. Mauvaise disposition pour un futur diplomate. C'est pourtant à la diplomatie que sa mère le vouait par une surprenante intuition. Il n'entra d'ailleurs que beaucoup plus tard dans la carrière, après avoir essayé de bien des choses, achevé son éducation d'homme et fait son instruction de politique.

L'attitude de Bismarck dans la vie fut à peu près celle d'un autre Allemand célèbre vis-à-vis des idées : il ne méprisa presque rien. Ce n'était pas un dégoûté. Il se sentait assez robuste, assez bien équilibré, assez bien trempé, pour ne redouter aucun contact, aucune habitude. Entré à l'Université, il accepta, sans faire le délicat, les mœurs des étudiants. Il se fit remarquer par ses excentricités, ses duels et ses exploits bachiques. Il ne dédaigna point de se faire arrêter pour tapage nocturne. Il eut de nombreux démêlés avec le juge universitaire de Gœttingue. Il fit même de la prison. Bien plus, il donna dans le libéralisme, s'affirma quelque temps républicain. Inutile de dire que cette disposition d'esprit ne dura pas et qu'il domina rapidement cette crise d'adolescence.

Le jeune Bismarck s'était amusé. Il avait peu suivi les cours. Mais il avait lu beaucoup de livres et regardé beaucoup d'idées. Enfin il avait ses diplômes, et il se disposait, selon le vœu de sa famille, à entrer dans la diplomatie. Un échec l'attendait, et c'est là qu'il montra la fermeté de son caractère. Il fut présenté au ministre des Affaires étrangères, le pointilleux Ancillon.

Ancillon considéra ce robuste gaillard, de médiocre noblesse rurale, sans grosse fortune, trop grand, trop fortement charpenté. Il ne le trouva pas conforme au type alors en cours de l'attaché d'ambassade, souple et sceptique, brillant et délié, de haute naissance et de grande richesse. Il lui insinua que les débuts de la carrière diplomatique étaient difficiles, encombrés, et lui conseilla de subir d'abord l'examen d'assesseur de gouvernement provincial, puis, en collaborant aux travaux du Zollverein, de chercher, par ce détour, à se frayer une voie dans la politique allemande de la Prusse. C'était une défaite. Bismarck le comprit, mais résolut de prendre la voie détournée que lui indiquait le ministre. Il travailla opiniâtrement son droit, se présenta au concours judiciaire, et, le 20 mai 1835, il était nommé, auscultator au tribunal de Berlin.

Ainsi Otto de Bismarck « avait rêvé les intrigues de la diplomatie et il se réveillait commis-greffier ». Mais il ne perdait pas courage. Tout en grossoyant, il observait, il critiquait, il augmentait son bagage de connaissances.

Et surtout il ne perdait pas de vue ses ambitions, Il s'amusait dans la société peu raffinée des jeunes nobliaux de Berlin, où l'on se grisait tous les soirs. Mais c'était afin d'approcher la cour plus aisément et par plus de côtés. À une fête, il obtint d'être présenté au prince qu'il devait si bien servir plus tard et qui lui montra également une fidèle affection. Le futur empereur d'Allemagne, alors prince héritier de Prusse, s'étonna seulement, en voyant Bismarck, « qu'un si robuste gaillard ne fût pas entré dans l'armée et que la justice exigeât de ses jeunes gens la taille de la garde royale ». Mais Bismarck ne se fâchait même pas qu'on le plaisantât sur ses fonctions, sans gloire et sans traitement, de stagiaire.

Il ne les occupa qu'un an. Un examen le fit entrer dans l'administration. C'était encore de la petite bureaucratie, un travail fastidieux, de la paperasse, mais aussi l'occasion d'apprendre des choses nouvelles et même de se pousser dans la direction nécessaire : Bismarck se fit nommer au gouvernement d'Aix-la-Chapelle, où se réglaient bien des questions de l'importante union douanière, — cette clef de l'avenir politique de l'Allemagne. Ainsi, par une voie détournée, Bismarck s'efforce toujours de parvenir à la carrière diplomatique. Ce n'est pourtant pas un ambitieux du genre ténébreux. Il aime tout, et particulièrement le plaisir. Le mot de Diderot sur Bougainville : « Il fit comme tout le monde : il se dissipa après s'être appliqué et s'appliqua après s'être dissipé », convient à cette période de sa vie. Aix-la-Chapelle, ville où l'on s'amusait en 1840, fut le lieu où le jeune Bismarck mena l'existence la plus désordonnée. Transféré au gouvernement de Potsdam, il comptait y continuer sa vie joyeuse, lorsqu'il fut surpris par une désagréable révélation : son père et sa mère, à force de légèreté et d'inattention, de mondanité et de bel esprit, avaient compromis leur patrimoine. Le jeune Otto avait vécu jusque-là insouciant et riche. Il se trouvait subitement aux prises avec les plus ennuyeuses difficultés. Dans cette circonstance, dit son biographe, « son caractère fortement trempé se montra dans tout son élan d'énergie : il fit face aux difficultés et, avec la rapidité qui devait plus tard « assurer sa force, il prit des décisions viriles ». C'était l'année où il devait accomplir son service militaire. Il quitte la garde royale de Potsdam, où la vie est coûteuse. Il se fait incorporer dans un régiment de petite ville. Dans ses loisirs, il lit, il complète son instruction, il s'initie à l'économie rurale. Son service fini, il est prêt à prendre en main la gestion des biens de famille si maladroitement compromis par son père.

On ne peut nier que Bismarck ait eu de là chance, même dans les occasions où la fortune semblait le desservir. Peu d'éducations d'homme public pourraient être plus complètes. À vingt-quatre ans, il a déjà traversé la magistrature, l'administration, l'armée, sans compter les mondes les plus différents. Il s'est révélé homme d'action en ceci qu'il ne s'attarde à rien et que les années semblent doubles pour lui à l'usage qu'il en fait. Voilà que des revers de fortune semblent devoir arrêter sa carrière. Nullement. À faire valoir son modeste domaine poméranien, il va mieux s'armer pour les luttes futures. Bismarck, dit M. Paul Matter, passa en Poméranie le « temps où la personnalité s'établit chez l'homme, où son caractère, son intelligence, se forment définitivement. Ce long séjour a eu sur Otto de Bismarck une influence profonde et ineffaçable. »

Le voilà qui se met avec acharnement à relever sa fortune, à exploiter d'une manière pratique et raisonnable le triste domaine de Kniephof. S'il eut de l'amertume de ses ambitions déçues, il ne s'en ouvrit à personne. Il semble qu'il ait voulu les oublier par un labeur opiniâtre et en utilisant tout ce que la vie d'un petit gentilhomme poméranien peut offrir de distractions. Il redevient, comme ses ancêtres, grand chasseur, grand mangeur, grand buveur. On le voit dompter ses nerfs par des chevauchées folles où il risque vingt fois de se briser la tête. Il commet des excentricités dont certaines sont héroïques, car il portera fièrement toute sa vie une médaille de sauvetage. Une légende se forme autour de lui. On le surnomme le *hobereau fou*. Il est bientôt populaire dans les campagnes. Et il semble accepter ce nouveau genre d'existence. On peut croire qu'il restera toute sa vie gentilhomme campagnard et lieutenant de landwehr. Il ne dit rien, mais déjà il a accepté quelques fonctions publiques. Il est membre du Conseil d'arrondissement. Il représente un peu plus tard la noblesse de Naugard à la Diète de Poméranie. C'est à cette Diète qu'il prononcera un discours « sur la consommation excessive du suif à l'assistance publique ». Bismarck ne méprisait presque rien en effet. Car tels furent les tout petits commencements de sa carrière politique. C'est grâce à eux que, servi, sans doute, par les circonstances, mais sachant les utiliser et n'en dédaigner aucune, il accomplit peu a peu ses primitives ambitions,

Bismarck était né sous une bonne étoile. Tout, pour lui, finissait par tourner heureusement, même ce qui avait d'abord paru contrarier ses projets et arrêter sa carrière. Les accidents de sa jeunesse, ses revers de fortune, ses stages dans la magistrature et

15

l'administration, sa vie monotone de gérant d'un médiocre domaine poméranien, lui avaient donné, des hommes et des choses, une expérience complète et une instruction pratique comme en reçoivent peu d'hommes d'État. À son tempérament, à son tour d'esprit naturel, les événements avaient ajouté tout le nécessaire pour faire de Bismarck un grand réaliste. C'est avec cette figure qu'il restera dans l'histoire. Il en avait déjà quelques traits au moment où il entra dans la vie politique de son pays. Il les affirma dès ses débuts.

Lorsque la Diète unie s'ouvrit solennellement à Berlin en 1847, Bismarck n'en faisait pas partie : simple membre suppléant de l'ordre équestre au Landtag de la province de Saxe, il n'avait pas été convoqué. Mais un député de son ordre étant tombé malade, ce fut à Otto de Bismarck-Schoenhausen que revint l'honneur de prendre sa place. Cet honneur, il le goûta d'abord médiocrement, et n'y vit même qu'un embarras. Il était sur le point de se marier ; il surveillait ses terres, et son premier mouvement fut de sacrifier la politique à l'amour et à l'intérêt. Mais son parti, qui le connaissait et l'appréciait, insista tellement que Bismarck se décida à siéger à la Diète. Il vint s'asseoir sans hésiter à la droite la plus extrême.

Sa première impression fut nettement hostile au parlementarisme. « La séance d'aujourd'hui était ennuyeuse, écrivait-il un soir ;

bavardages sans fin, répétitions, temps perdu. C'est étonnant quelle effronterie à parler les orateurs montrent, en raison de leurs capacités, et avec quel impudent amour-propre ils se hasardent à importuner une aussi grande assemblée de leurs creux discours.

Cependant il n'entendait pas les autres énoncer des opinions contraires aux siennes sans être violemment

16

tenté de leur répondre. Il finit, lui aussi, par faire son discours. Un jour, l'indignation le fit bondir à la tribune. Un député libéral avait nié le caractère nationaliste de la grande renaissance de la Prusse en 1813. Tous les souvenirs d'enfance, toute l'éducation anti-napoléonienne de Bismarck, lui revinrent à l'esprit. En phrases heurtées, saccadées, mais éloquentes, il exprima son indignation et traduisit son patriotisme. À mesure qu'il parlait, il s'aperçut en même temps qu'il n'était pas un véritable orateur et qu'il réussissait à se faire entendre, à dominer son auditoire. Jusqu'à la fin de sa carrière politique, il conservera la manière de ses débuts, brusque et familière, mais en la perfectionnant peu à peu, en tirant même de ses défauts d'élocution des effets qui n'appartenaient qu'à lui.

Cet essai de la tribune servait encore à lui donner confiance en lui-même. L'audace du « hobereau fou », qui l'avait un moment abandonné dans cette Diète compassée, lui revient tout entière. Non moins entières et absolues sont ses idées. Il est désormais décidé à les défendre. C'est pour affirmer son nationalisme prussien qu'il est intervenu une première fois dans les débats parlementaires. La seconde, ce sera pour venir au secours de l'autorité monarchique. Les libéraux réclamaient la périodicité de la Diète. Une assemblée siégeant régulièrement, sans être convoquée par ordonnance royale, c'était un autre pouvoir reconnu auprès de celui du roi, c'était la monarchie altérée et diminuée. Bismarck, loyaliste et autoritaire, n'y pouvait point consentir. C'est pourquoi il protesta violemment contre la thèse des orateurs libéraux. Mais il ne s'attaqua pas avec moins d'énergie à une autre invention libérale, car ces inventions se succèdent selon une sorte de rite. La gauche avait donc imaginé d'affranchir les juifs, de

17

leur donner l'égalité de droits, de leur accorder même l'accès à toutes les fonctions.

Je suis, déclara Bismarck, pétri de préjugés, je les ai sucés avec le lait maternel, et je ne réussirai pas à m'en défaire en les discutant, car si je me figure devant moi comme représentant de la Majesté sacrée du roi un juif auquel je devrais obéir, je dois confesser que je me sentirais profondément abaissé et humilié, et que je perdrais le sincère plaisir et l'espèce de point d'honneur avec lequel je tâche à présent de remplir mes devoirs envers l'État.

Nationalisme, monarchisme, antisémitisme, telles étaient les causes pour lesquelles Bismarck avait tenté ses premières passes d'armes. Il faut avouer qu'il était apparu un peu comme un excentrique et un impulsif, et qu'il avait mis à défendre ses idées plus de sentimentalité que de politique. Le groupe des ultras le reconnut aussitôt pour son chef, et ce fut sans doute un peu pour cette raison. Cependant son caractère avait été apprécié en dehors du petit monde des hobereaux. « Je me suis fait beaucoup d'amis et beaucoup d'ennemis, écrivait-il à sa fiancée le 9 juin 1847, ceux-ci surtout dans la Diète et les premiers au dehors. Des gens qui ne me connaissaient pas, d'autres que je ne connaissais pas, m'accablent de prévenances, et je reçois surtout de bienveillantes poignées de mains inconnues. » D'ailleurs, il se rendait parfaitement compte que lui et ses amis avaient été battus à la Diète, battus à plates coutures. Il savait que ses idées étaient impopulaires, que son parti était une très petite minorité. Mais de pareilles considérations n'étaient point faites pour amener un homme de sa trempe à l'opinion contraire. Au surplus, la Diète dissoute, Bismarck se désintéressa quelque temps des affaires. Il venait d'épouser Mlle de Puttkamer. Et il acheva dans un voyage de noces sentimental l'année qu'il avait ouverte par des manifestations de loyalisme chevaleresque. C'est ainsi que le chancelier de fer lui-même eut ses faiblesse et ses attendrissements.

À peine était-il revenu d'Italie et avait-il repris sa vie de gentilhomme campagnard que la révolution de 1848 éclatait. On sait la violence qu'elle prit à Berlin. Les Hohenzollern faillirent y perdre leur couronne. En apprenant ce qui se passait dans la capitale, Bismarck, après avoir pris quelques mesures pour faire respecter l'ordre dans ses propriétés et chez ses paysans, se hâta d'aller offrir son dévouement à la personne du roi. Il voulait conseiller au souverain et à la cour une résistance énergique. Il avait raison, mais il le disait trop haut pour être écouté et pour plaire. Frédéric-Guillaume IV était un romanesque, un rêveur, un irrésolu. Il fut très touché et se souvint toujours de la fidélité que Bismarck lui avait montrée dans ces circonstances. Mais en même temps il craignit que le zèle de ce hobereau ultra-réactionnaire ne fût compromettant. Bismarck à Berlin s'agitait beaucoup en effet. Il allait et venait, exhortant les officiers, secouant les généraux, formant des plans de conspiration. Tout le Dumas et le Walter Scott qu'il avait lus dans les veillées de Schœnhausen lui revenaient certainement à l'esprit. Il se faisait jacobite et chouan. À la fin, le général Hedermann dut menacer Bismarck d'une immédiate arrestation pour crime de haute trahison. Bismarck « n'eut qu'à rejoindre son castel, déçu, navré, furieux ».

Il y avait de quoi. Si Bismarck avait déjà de grandes ambitions, il pouvait croire qu'il avait compromis son avenir par excès de zèle. Quelques mois après les terribles journées de mars, lorsque le calme commença à renaître, le nom de Bismarck fut proposé au roi pour une combinaison ministérielle. En face du nom de son meilleur serviteur, le souverain écrivit cette note un peu narquoise : « Ne pourra être ministre que si la baïonnette doit être maîtresse absolue ». Mais l'ironie n'était pas de force à désarmer Bismarck. De nouvelles élections avaient lieu en janvier 1849. Il s'y porta, sans faire la moindre concession aux temps ni aux circonstances. Ce fut au contraire l'occasion qu'il choisit de reformer avec quelques amis une droite extrême, absolument « pure de toute souillure révolutionnaire ». Aucune transaction avec la Révolution, intégrité de la couronne, lutte contre les abus des récentes libertés : tel était ce programme, plus royaliste que celui du roi. C'est pourtant sur ce programme presque paradoxal qu'il se fit élire. Sa hardiesse, sa brutalité, ses coups de boutoir, avaient plu aux électeurs autant que sa force de conviction et sa confiance en lui-même. Les élections, du reste, n'avaient guère été favorables aux amis de Bismarck. Son petit groupe intransigeant arrivait fort restreint à l'assemblée. Quelques timides et quelques faibles en gémissaient. Bismarck voyait plus loin et montrait un plus clairvoyant optimisme : « *Nous n'avons pas encore vaincu, déclarait-il, mais nous avons attaqué, et c'est le principal ; la victoire doit encore venir, mais elle viendra.* »

Ce sont de vraies paroles d'homme d'action. Au contact de la vie, à mesure que lui venait l'expérience, Bismarck en effet dépouillait tout doucement sa sensiblerie provinciale. Il conservait intégralement ses convictions, mais comprenait qu'il les servait mal en se satisfaisant de les affirmer par des cris pittoresques et violents. Déjà il commençait à fréquenter les groupes politiques les moins proches du sien.

Il trouvait ses coreligionnaires de la droite gens vertueux, mais gourmés et ennuyeux, et préférait causer amicalement avec les députés de gauche, plus vivants et personnels. Ses adversaires le tenaient pour un gaillard qui a le diable au corps, mais plaisant par l'originalité de ses saillies, son franc caractère, ses allures de bon garçon.

Pour être complet sur cette période de préparation de Bismarck, il faut encore mentionner deux faits où s'annonce sa politique de l'avenir.

C'est en 1849 qu'il a formulé sa première grande vue politique. Alors l'idée de l'unité allemande hante plus que jamais les esprits. Toutes sortes de tentatives et de propositions sont faites pour constituer un État germanique. Il semble qu'à Berlin on soit prêt à se laisser séduire par les offres qui viennent de Francfort et du Sud. Mais Bismarck en devine le danger. Il veut l'unité, certes. Il est patriote allemand. Mais, à ce moment, il est d'abord patriote prussien, car il sait que l'unité ne sera solide que si elle est faite par et pour la Prusse. Sous l'affectation de son particularisme prussien, tel est le vrai sens des discours qu'il prononce à cette date contre le projet de fédération. « Notre peuple, s'écriait-il, n'éprouve nullement le besoin de voir son royaume prussien se dissoudre dans cette fermentation corrompue de la licence allemande du Sud. Sa fidélité ne s'attache pas à une présidence fédérale qui n'est qu'une feuille de papier, ni à un conseil de souverains où la Prusse n'a que le sixième des voix. Elle s'attache à notre vivante et libre royauté, au roi de Prusse, à l'héritier de ses pères. Ce que veut le peuple, nous le voulons tous. Nous voulons que l'Aigle prussien étende son vol protecteur et domine depuis Memel jusqu'au Donnersberg. Mais nous voulons le voir libre, non pas enchaîné par une nouvelle Diète de Ratisbonne, non pas avec les ailes rognées par la serpe égalisatrice de Francfort, serpe qui n'est devenue un instrument de paix qu'à la réunion de Gotha, tandis que quelques semaines auparavant, à Francfort, elle était brandie comme une arme menaçante contre le prussianisme et contre les ordonnances de notre roi. »

Bismarck avait raison de conseiller à la monarchie prussienne de ne pas se presser. Il entrevoyait déjà la campagne de 1866, peut-être celle de 1870 : l'Unité réalisée en toute sécurité, d'une manière durable et au profit de la Prusse en écartant l'Autriche, en subjuguant l'Allemagne du Sud et en abaissant la France.

Quant à la France, dont il avait conservé la haine, il commençait à bien la connaître. Il venait d'observer les convulsions qui avaient suivi la révolution de février. Il portait déjà sur notre pays le jugement qui déterminera son intervention dans nos affaires intérieures après 1871. Le 24 septembre 1849, Bismarck combattait à la tribune une proposition de la gauche qui tendait à établir définitivement le régime parlementaire en Prusse, en accordant au Parlement le droit de refuser les impôts. Vous invoquez, disait-il à ses adversaires, l'exemple de certains peuples qui ont inscrit ce « progrès » dans leurs institutions. Or « l'exemple de la France, patrie de toutes ces théories, n'est pas très séduisant. Et je ne vois réellement rien dans sa situation actuelle qui nous engage à mettre sur notre corps vigoureux et sain la tunique de Nessus des théoriciens politiques français. » C'est le même homme qui, vingt-cinq ans plus tard, travaillera à remettre cette tunique sur nos épaules.

II
La formation des idées Bismarckiennes

Il y a dans la vie de Bismarck une période difficile à suivre parce que les événements historiques auxquels il se trouva mêlé sont alors d'une confusion extrême. Il faudrait des pages et des pages pour débrouiller à-peu-près l'état de la question allemande au milieu du XIXᵉ siècle. La vérité est que les contemporains ne voyaient pas ce qui en sortirait ni comment on en sortirait. Tous les principes et tous les hommes, toutes les Constitutions et tous les Parlements, s'usaient à mettre de l'ordre dans ce chaos. La Révolution n'avait pas pu et la Sainte-Alliance n'avait pas voulu. Les traditionalistes y avaient épuisé leurs souvenirs historiques et les légistes leurs subtilités juridiques. Le libéralisme avait en vain espéré que son souffle ferait naître l'unité du chaos féodal. Chaque année était marquée par la faillite d'une solution nouvelle. Les ministres étaient morts à la tâche ou bien avaient perdu leur portefeuille. Les autres prenaient tout doucement le parti d'éterniser les choses et d'y vivre le plus agréablement possible. Les diplomates étaient contraints de se rassembler à tout instant. Ils cherchaient à donner du charme à ces rencontres et à corriger la sévérité de leurs congrès par les plaisir des la vie mondaine. Ce fut, dans la carrière l'école de toute une génération élégante, et sceptique On cita longtemps la Diète de Francfort, sa douceur de vivre, l'impertinence, les déshabillés et les conquêtes du comte de Thun.

C'est cette période-là, qui va de 1850 à 1855 que Bismarck mit à profit pour l'élaboration définitive de ses idées politiques. Cette période, remarquons-le, est celle où l'Empire, rétabli en France commet ses primitives erreurs — la guerre de Crimée — et amorce toute une série de fautes. La formation du plan de Bismarck coïncide d'une manière remarquable avec les premiers actes qui devaient révéler à l'observateur attentif ce que le régime impérial allait faire de la France.

Bismarck approche de la quarantaine. Il est en possession de toutes ses forces et de toutes ses facultés. C'est alors qu'il devient vraiment lui-même C'est ce moment qu'il choisit pour accomplir la plus intéressante des évolutions. Jusque-là, Otto de Schœnhausen-Bismarck n'avait été qu'un fidèle serviteur de la monarchie prussienne, mais en hobereau ultra-réactionnaire, en parlementaire d'extrême droite, en homme de la camarilla rétrograde de Berlin, en politicien de classe et de parti. Il ne reniera rien de ses principes politiques, mais il ne les suivra plus dans le même esprit. C'est l'intérêt prussien tout seul qu'il aura désormais en vue, non pas l'intérêt de sa caste. Sa méthode, son intelligence réaliste font sortir, du vieux fonds des idées particularistes et conservatrices, une politique nationale nouvelle.

Déjà, malgré son intransigeance, Bismarck avait fait entrevoir cette évolution dans les assemblées où il avait figuré depuis 1847. Elle se précisa à l'assemblée d'Olmütz. C'est là qu'au nom de la droite et du parti gouvernemental il eut la lourde tâche de défendre et d'expliquer la politique de Manteuffel, son échec, la soumission de la Prusse à l'Autriche dans la question des duchés et l'affaire de Hesse. Dans un discours qui ménageait à la fois le passé et l'avenir, Bismarck ne craignit pas de mettre sur le même pied l'honneur du pays et son intérêt. Le loyalisme envers son souverain, hautement proclamé, lui permettait d'affirmer qu'il n'y avait pas de honte pour la Prusse a remettre l'épée au fourreau du moment que son roi en avait ainsi décidé pour le bien public. Appuyé sur son légitimisme, Bismarck examinait librement les raisons qu'un État moderne peut avoir de faire une grande guerre. Et il prononçait ces paroles où le « chancelier de fer » est déjà tout entier :

L'unique base saine et salutaire pour un grand État, et c'est par là qu'il se distingue essentiellement d'un petit État, c'est l'égoïsme politique et non pas le goût romantique, — et il n'est pas digne d'un grand État de se battre pour une cause qui n'est pas inhérente à son propre intérêt... Malheur à l'homme d'État qui ne trouve pas pour faire la guerre une raison qui soit encore aussi valable après la guerre !

Les parlementaires à qui s'adressait Bismarck s'imaginaient que le hobereau ne parlait ainsi que par passion de partisan, que s'il refusait de combattre l'Autriche, c'était par fidélité aux principes de la Sainte-Alliance. Mais Bismarck voyait déjà les choses sous un angle différent. S'il consentait à se servir encore et du langage et du programme de son parti, son regard s'étendait plus loin. Il se laissait applaudir ou interrompre avec la même indifférence. Le président de la seconde Chambre, Simson, un juif libéral, faisait rire le centre et la gauche aux dépens du chevau-léger poméranien. « L'honorable député de Brandebourg, disait-il aimablement, a des idées originales qui n'éclairent peut-être pas, mais qui tout au moins égayent la Chambre. » À quoi Bismarck ne répondait que par une tranquille profession de mépris pour le système parlementaire. Un jour, rappelé au « respect de la Constitution », il réplique d'un ton de maître, — le ton qu'il aura de 1862 à 1866 dans son grand conflit avec la Chambre :

Je vous remets en mémoire que le jour où nous sommes est l'anniversaire de la Révolution française, 24 février 1848. C'est une date qui nous rappellera toujours comment le régime parlementaire, pourvu des armes les plus puissantes et n'ayant à combattre que de bien faibles forces, n'en a pas moins fait, aux yeux de l'Europe, un fiasco si éclatant qu'il lui sera difficile de se relever jamais de cette chute.

C'est à la veille de quitter le monde et la mécanique parlementaires que Bismarck prononçait ces paroles.

Manteuffel, le ministre des Affaires étrangères de Prusse, l'avait remarqué, avait apprécié au cours de leurs entretiens son rude bon sens et sa force de volonté en même temps que son loyalisme à toute épreuve. Les puissances autonomes d'Allemagne envoyaient alors à Francfort des délégués qui constituaient le gouvernement impossible, introuvable, d'un pays qui aspirait a l'unité tout en redoutant de perdre ses particularités et ses traditions, un pays qui était las de l'anarchie et impatient de l'ordre.

Arrivé à Francfort comme conseiller de légation, Bismarck ne tarda pas à entrer en conflit avec son chef. On lui donna raison et il fut bientôt nommé délégué prussien. C'était, ni plus ni moins, la première des ambassades du roi de Prusse. Bismarck réalisait ainsi le vœu de sa mère, l'ambition de sa première jeunesse. Il entrait, et par la plus grande porte, dans la diplomatie.

Bismarck fut de ces ambassadeurs qui ont des idées personnelles et qui les imposent à leur gouvernement. Envoyé pour défendre la politique traditionnelle de la Sainte-Alliance, pour maintenir l'entente austro-prussienne, pour empêcher la reconnaissance de Napoléon III, Bismarck, guidé par l'intérêt prussien, exécuta ses instructions à sa manière. Il avait compris que, le mouvement démocratique et libéral étant vaincu en Allemagne, la Prusse n'avait plus rien à attendre de son accord avec l'Autriche et que les deux monarchies, ayant écrasé leur ennemi commun, la révolution allemande, allaient se trouver face à face, lutter d'influence et se heurter pour l'hégémonie. Dès son entrée en fonctions, ou presque (1851), l'Autriche est pour lui l'*adversaire*.

La *camarilla* rétrograde, le parti réactionnaire, dont il avait été le chef et le porte-parole, ne fut pas éloigné de crier à la trahison. Bismarck trahissait les principes de la Sainte-Alliance, il abandonnait la Prusse pour l'Allemagne, il tombait donc dans les erreurs révolutionnaires, il adorait ce qu'il avait brûlé ! Bismarck laissait dire, ne rendait de comptes qu'à son ministre et à son roi. Et celui-ci comprenait déjà la politique nationale aperçue par le hardi délégué de Francfort, l'Autriche rejetée hors d'Allemagne, l'unité faite au profit de la Prusse.

Bismarck acheva de scandaliser les féodaux dans l'affaire de la reconnaissance de Napoléon III par les puissances.

Le Congrès de Vienne avait prononcé pour Bonaparte et sa famille l'exclusion éternelle du trône de France. Admettre Napoléon III, c'était renier l'œuvre de la Sainte-Alliance, manquer à la parole des rois. Les trois cours du Nord, Prusse, Autriche et Russie, mettaient un point d'honneur à faire respecter la volonté des souverains coalisés de 1815. Mais l'esprit «ingénieux et hardi » de Bismarck avait conçu un autre plan. Bismarck avait compris l'utilité qu'offrirait pour l'intérêt prussien le régime impérial et plébiscitaire restauré en France. Bismarck connaissait assez les institutions pour savoir que cette démocratie césarienne, ce compromis entre le régime dictatorial et le régime d'opinion devait causer au malheureux pays qui le subirait toutes sortes de calamités. — « Reconnaissez l'Empire, suggérait « Bismarck au gouvernement de Berlin : c'est un régime qui, dans un avenir prochain, rendra service à la Prusse. »

Un voyage à Paris fortifia Bismarck dans ses vues. C'était au temps de la guerre de Crimée. L'Empire avait commis sa première faute et vérifiait le pronostic de Bismarck. Le voilà présenté à Napoléon III. Il a un long entretien avec l'empereur ; il peut juger sa pauvre intelligence, connaître ses conceptions chimériques. Dans ses *Pensées et souvenirs*, Bismarck a rapporté cette conversation d'un ton où l'ironie et la commisération sont nettement perceptibles. Il rapporte que Napoléon « se montra bien plus indulgent que l'Angleterre et l'Autriche pour les péchés dont la Prusse s'était rendue coupable envers la politique des puissances occidentales ». L'empereur lui fit des avances en vue d'un rapprochement de la France et de la Prusse. « Il me dit que deux États voisins, placés par leur culture et leurs institutions à la tête de la civilisation, devaient s'appuyer l'un sur l'autre. » Bismarck emporta de Napoléon III l'impression que c'était un homme très doux, très bienveillant, fort éloigné des procédés « violents, presque brutaux » que l'Angleterre et l'Autriche employaient alors pour faire pression sur la Prusse. En somme, un naïf, un sensible, un illusionné, un homme dont on ferait ce qu'on voudrait.

Rentré à Berlin, très diffamé par le parti réactionnaire qui l'accusait de défection, Bismarck communiqua ses impressions à Frédéric-Guillaume IV. Ce fut sa meilleure défense.

Napoléon III est un homme aimable et d'esprit ouvert, rapporta Bismarck, mais il est moins habile qu'on ne dit. On met tout événement sur son compte, et s'il pleut à contretemps dans l'Asie orientale, on en attribue la cause à quelque machination perfide de l'empereur. On a pris l'habitude, chez nous, de le considérer comme une sorte de génie du mal qui ne songe qu'à troubler le monde. Mais son intelligence est bien surfaite aux dépens de son cœur ; au fond, c'est la bonté même, et le propre de son caractère est de reconnaître tout service rendu par une gratitude poussée à un degré peu ordinaire.

C'est toujours avec cette dérision que Bismarck traitera désormais Napoléon III, pauvre halluciné, rêveur humanitaire, absolument dénué d'esprit politique. Personne d'ailleurs ne sut mieux que Bismarck abuser de la sensibilité de l'empereur et jouer de ses « principes ». Bismarck n'eut donc pas de peine à faire entendre à son roi que ce « démon du « mal » était en réalité le bon génie de la Prusse.

Le voyage à Paris acheva de fixer les idées de Bismarck et lui ouvrit certainement des perspectives d'avenir. Il avait compris dès le début de sa carrière diplomatique que l'Empire français lui donnerait les moyens d'exécution nécessaires à ses vastes desseins, et que Napoléon III, « la bonté même », ferait, par complaisance la contre-partie de son jeu.

III
La fortune de Bismarck

Bismarck, qui devait plus tard, de tous ses contemporains, être l'homme d'État le mieux servi par la chance, n'en reçut pas les faveurs précoces. Les épreuves, les embarras, les circonstances décourageantes entravèrent ses débuts. Il connut tous les genres de difficultés avant le premier sourire de la fortune. Mais, sorti plus fort de ces combats, son génie était mieux armé pour profiter d'un changement du destin.

La dernière épreuve fut la plus critiqué. Sa situation sembla perdue au moment même où il la croyait vraiment forte, où il se voyait sur le point d'atteindre le port. C'est la période finale et décisive de cette partie de l'existence de Bismarck que M. Paul Matter à nommée *la Préparation*.

Le 26 avril 1856, cinq ans après ses débuts dans la carrière, Bismarck adressait à Manteuffel, ministre des Affaires étrangères de Prusse, un rapport qui a conservé à bon droit le nom de « rapport *magnifique* ». Toute la clairvoyance, tout le réalisme de Bismarck, se manifestaient dans ce magistral exposé de la situation européenne. Il y analysait les forces, les éléments en présence, indiquait leurs combinaisons probables, prévoyait les événements qui devaient en sortir. Il formulait hardiment, en dépit du système de la Sainte-Alliance, toujours en faveur à la cour de Berlin, la certitude d'un conflit entre la Prusse et l'Autriche, conflit favorisé par la politique napoléonienne. « Ma conviction, écrivait-il, est que nous aurons à défendre dans un avenir assez prochain notre existence contre l'Autriche, et qu'il n'est pas en notre pouvoir de prévenir cette collision, parce que la marche des choses en Allemagne ne comporte aucune autre issue. » Et, par un trait qui peint son humeur, il ajoutait à cette prophétie cette anecdote, à ses yeux symbolique : pendant une promenade, quelques jours auparavant, le cheval de l'ambassadeur français avait tout à coup violemment rué dans les jambes de la monture de Rechberg, le délégué autrichien à Francfort. Tel est bien le genre de la plaisanterie bismarckienne.

Bismarck commençait d'être l'homme à qui les faits donnent raison. On l'écoutait à Berlin. On lui faisait : de plus en plus confiance. En avril 1857, lorsque l'affaire des duchés danois et l'incident de Neufchâtel exigèrent une entente avec Napoléon III, Bismarck fut chargé d'aller sonder les dispositions véritables du gouvernement de Paris. Bismarck, durant cette mission, vit plusieurs fois Napoléon III. Il en reçut d'étourdissantes confidences. Le César maladroit lui fit part de ses projets italiens, lui annonça comme nécessaire une lutte entre la France et l'Autriche, l'assura, avec une inqualifiable simplicité, de sa sympathie pour la Prusse et chargea même le diplomate prussien d'aller proposer son alliance à Frédéric-Guillaume IV. Bismarck écoutait ce flot de naïvetés, en prenait bonne note, mais répondait à peine. Son silence, sa réserve, finirent par inquiéter Napoléon III. Il n'en parla que davantage pour dégeler son interlocuteur. Même impassibilité. L'empereur, effrayé pour de bon, compléta sa maladresse. Il pria Bismarck de ne pas le trahir, de considérer leur conversation comme celle de deux hommes privés, non de deux hommes d'État. Bismarck lui promit le secret et le garda en effet, ce dont Napoléon eut la bonté de lui avoir de la reconnaissance. Ce que Bismarck n'avait ni promis ni pu promettre, c'était de ne pas tenir compte des choses apprises, de ne pas se servir des révélations qui lui avaient été faites avec une imprudence sans pareille...

En 1857, Bismarck se trouvait ainsi en excellente posture pour réaliser son ambition déjà consciente : diriger les destinées de la Prusse. C'est à ce moment que, par un rude coup du sort, son auxiliaire le plus précieux vint à lui manquer. Le souverain qui l'avait apprécié, distingué, inventé presque, son protecteur et son ami, Frédéric-Guillaume IV, abandonnait le pouvoir. Comme tout le faisait prévoir, la neurasthénie avait vaincu ce prince généreux, intelligent, mais agité, inquiet, irrésolu, ébranlé aussi par les troubles et les difficultés de son règne. Le 23 octobre, il se résignait à signer une sorte d'acte d'abdication qui remettait provisoirement le pouvoir à son frère Guillaume. Ce provisoire devint bientôt définitif.

Or Bismarck savait que le régent le redoutait et lui gardait rancune de quelques désaccords entre leurs idées au cours des événements précédents. Guillaume Ier était un militaire qui reprochait à Bismarck, comme autant de faiblesses et de capitulations, ses habiletés diplomatiques. Bismarck ne se dissimula pas que sa carrière était compromise, qu'il aurait fort à faire pour conserver son rang et surtout son influence. Il ne se trompait pas. Malgré son activité, ses démarches, son dévouement habilement témoigné au nouveau souverain, il fut remplacé à Francfort par Usedom et envoyé à l'ambassade de Pétersbourg, presque en exil.

Il avait alors quarante-cinq ans, La disgrâce, si elle devait persister, ne lui promettait plus guère que des promenades de mission en mission. Bismarck se demandait s'il ne serait pas plus sage de prendre sa retraite, de renoncer à ses ambitions, de regagner son domaine de Schœnhausen et d'y vivre en gentilhomme, avec d'assez beaux souvenirs et des honneurs. Sa femme l'y engageait. Une grave maladie, qu'il fit alors, faillit l'y déterminer. Une blessure d'apparence bénigne, venue d'une chute à la chasse, prit de telles proportions, qu'on parla de l'amputer d'une jambe. Il s'y refusa. Mais l'accident eut les suites les plus graves. Toute la faculté le condamnait. Et nul médecin ne put expliquer, sinon par sa constitution extraordinaire, la chance qu'il eut de ne pas être emporté par une embolie fatale. En 1859 et 1860 il fut plus d'une fois approché par la mort. Que l'on imagine, si l'on s'amuse à ce jeu, le cours nouveau qu'auraient pris les choses en Europe, Bismarck ayant disparu.

Mais il fit front à la mort. Il résista à la défaveur royale et il sut remonter rapidement sur ses étriers.

Suspect à la cour, il y comptait pourtant quelques amis dévoués : Roon le premier et Edwin de Manteuffel. L'un, ministre de la guerre, l'autre, chef du cabinet militaire, étaient les Éminences grises du régent. Appartenant à la même génération que Bismarck, de la même formation d'esprit, ils savaient que Bismarck était nécessaire à cette grandeur prussienne qui devait être forgée par le fer et parle feu. Roon et Manteuffel agirent sur le prince par persuasion et par suggestion. Ils s'efforçaient d'effacer les mauvaises impressions, les souvenirs désagréables que Guillaume Iᵉʳ avait gardés de leur ami. Leur plan était de faire donner le ministère des affaires étrangères à Bismarck. Alors ils pourraient agir en commun, réaliser cette politique prussienne que les hommes de leur âge distinguaient nettement. Mais c'était une rude tâche que de donner le pouvoir à Bismarck. L'opinion ne comprenait rien aux grands projets des hommes de cette génération. Libéraux, réactionnaires, se méfiaient également de Bismarck et de ses plans. Sa politique nouvelle, esquissée seulement, dérangeait toutes les habitudes d'esprit, ne rentrait dans aucun cadre connu. On ne comprenait pas, par exemple, qu'il avait depuis longtemps jugé Napoléon III à sa valeur et reconnu dans l'exécuteur du testament de Sainte-Hélène le meilleur auxiliaire que pussent trouver l'ambition prussienne et l'unité allemande, une sorte d'allié involontaire, facile à berner par des flatteries et des promesses. On lui reprochait ses sympathies napoléoniennes. On l'accusait de vouloir céder à la France toute la province du Rhin. Il fallut à Guillaume quelque temps et l'exercice du pouvoir pour s'élever au-dessus des criailleries des partis et de l'opinion, et reconnaître que Bismarck avait raison, que c'était de son côté que se trouvait l'intelligence de l'intérêt national.

En attendant, Bismarck passait d'assez mornes journées à Pétersbourg. Son impatience, sa déception, son inquiétude de l'avenir étaient encore aggravées par des difficultés financières, car les revenus de son petit domaine poméranien, ajoutés à son médiocre traitement d'ambassadeur, ne lui permettaient pas de faire très grande figure. Cependant son activité intellectuelle ne se ralentissait pas. Il apprenait le russe, dont la connaissance lui donnerait auprès du tsar et de ses ministres une grande supériorité sur les autres représentants étrangers. Il étudiait les hommes et les choses de Russie. Il se faisait écouter de l'autocrate et de ses hommes d'État. Les trois années de Pétersbourg furent pénibles pour Bismarck. Elles ne furent pourtant pas perdues pour lui. Il trouva par la suite plus d'une occasion de mettre à profit ce qu'il y avait appris.

Roon et Manteuffel continuaient de plaider sa cause auprès de Guillaume, devenu roi par la mort de son frère. L'habileté de Bismarck fut de ne pas se montrer avide du pouvoir dès que la faveur lui fut revenue. En mai 1862, il était nommé ambassadeur à Paris ; mais, dans l'esprit de tous, cette mission devait être brève et annonçait son ministère.

Il reprit à Paris ses entretiens avec Napoléon III. Il reçut une fois de plus les propositions nettes et embarrassantes d'une alliance de la France et de la Prusse. Il démêla surtout que l'Empire avait trois politiques, l'une officielle, celle du Sénat et du Corps législatif, celle du plein jour et de la presse. Une seconde, personnelle à Napoléon III, faite d'intrigues cosmopolites, d'idéalisme humanitaire, et suggérée par les *carbonari*. La troisième de ces politiques, c'était enfin celle de l'impératrice, une politique « catholique, conservatrice, papiste, même autrichienne », écrivait Bismarck à son ministre. Il comprenait qu'entre ces trois directions il serait facile à la Prusse de trouver son chemin. Cependant, en Prusse même, la situation devenait difficile. Le Parlement, incapable de comprendre que le sort du pays allait se jouer et que sa grandeur allait se décider, accumulait les obstacles devant les ouvriers du grand œuvre. Roon désespérait de pouvoir mener à bien la réorganisation militaire. Il fallait Bismarck, et pas un autre que Bismarck, pour dompter le Parlement, puisque le Parlement ne pouvait comprendre. Room finit par convaincre le roi que Bismarck était l'homme nécessaire. Guillaume faisait encore quelques objections et quelque résistance : il fallut la gravité de la situation pour le libérer de ses préjugés.

La fortune de Bismarck allait se décider. Il le savait. Et c'est peut-être le moment de sa vie, féconde en circonstances critiques, où il se montra le plus ému et le plus nerveux. Incapable de tenir en place, il courait le midi de la France. C'est à Avignon que, le 18 septembre 1862, le joignirent deux dépêches éloquentes dans leur brièveté ; L'une venait de son fidèle Roon et portait : « *Periculum in mora.* Dépêchez-vous. » L'autre, anonyme ; était plus vulgaire mais plus symbolique : « La poire est mûre », disait-elle. C'est sur cette métaphore jardinière que Bismarck gagna Berlin pour y former l'Europe selon sa volonté et y exécuter des projets si longtemps médités, si menacés de rester dans le domaine des chimères et auxquels la fortune venait enfin de se montrer favorable.

Mais peut-être n'eût-il pas convenu de parler à Bismarck de la fortune. Il connaissait à sa divinité bienfaitrice une figure et un nom plus précis : c'était l'intérêt clairvoyant de son monarque, c'était l'institution monarchique, qui, en réalité, l'avaient élu. Il n'a pas fallu moins qu'une grande dynastie pour imposer ce grand ministre à la Prusse et à l'Allemagne.

Bismarck et la France

D'après les mémoires de Hohenlohe

I
Les Suites d'une médiatisation de 1806.

La publication des *Mémoires* du prince Clovis de Hohenlohe-Schillingsfürst fera date dans l'histoire de l'Allemagne contemporaine, moins peut-être encore par les choses que ce livre a dévoilées que par le mouvement d'opinion dont il aura été l'origine. Les souvenirs d'outre-tombe du prince de Hohenlohe ont donné un mauvais exemple à une aristocratie que ses maîtres ont pourtant disciplinée, dans les bureaux comme aux armées, aussi sévèrement que Louis XIV avait dressé la sienne au service de la cour. Derrière les indiscrétions de l'ancien chancelier, qui n'épargnent ni les souverains ni les héros de l'Empire, qui ne ménagent pas même les secrets d'État, un vent de fronde s'est levé à Berlin. Un esprit d'impatience et de sédition, qui n'a rien de commun avec la mauvaise humeur des libéraux et des démocrates, a soufflé sur le monde des plus grands et des moindres seigneurs de l'Allemagne nouvelle. On se rappelle les incidents divers qui ont suivi la publication de ces *Mémoires* : l'émotion à Saint-Pétersbourg et à Vienne, la colère impériale, la disgrâce du prince Alexandre de Hohenlohe, préfet de Colmar, fils du prince Clovis, et l'agitation de la faction bismarckienne, encore vivante et qui n'a pas désarmé. Toutes ces circonstances, tous ces mouvements, toutes ces intrigues de chancelleries et de cours, sont

37

significatifs comme les indiscrétions de l'ancien ministre elles-mêmes : elles accusent le malaise allemand, les difficultés auxquelles devait presque quotidiennement faire face un pouvoir cependant fort, mais dont les origines étaient trop récentes pour qu'il ne se trouvât pas de temps en temps aux prises avec les complications du passé. Les Mémoires du prince de Hohenlohe ont un caractère d'indépendance et de vengeance posthume. C'est un souvenir de la vieille anarchie allemande, du particularisme et de la féodalité. Et rien n'est aussi propre à éveiller l'inquiétude des nouveaux empereurs d'Allemagne que ces souvenirs-là.

On définirait d'un mot le prince Clovis de Hohenlohe-Schillingsfürst en disant qu'il fut toujours un mécontent. Ce grand dignitaire, ce haut chancelier de l'Empire, ce favori de Bismarck n'était pas satisfait de son sort, en dépit des honneurs et de la fortune, en dépit d'une ambition satisfaite, d'une carrière heureuse et courue avec la conscience du but à atteindre et des moyens à employer. Le prince de Hohenlohe, du commencement à la fin de sa vie politique, rendit d'importants services à la Prusse. Ce fut un des plus actifs, un des plus habiles, un des moins scrupuleux ouvriers du nouvel ordre de choses allemand. Mais nous savons aujourd'hui que la sincérité n'y était pas. Le prince prêtait à la Prusse et à l'Empire son activité et ses talents. Il avait reconnu de bonne heure que c'était le plus utile emploi qu'il en pût faire. Cependant il réservait quelque chose de lui-même, il ne consentait pas à se donner tout entier. Ses *Mémoires* prouvent qu'il faisait nettement le départ entre ses fonctions et sa personne, qu'il conservait son quant à soi. Associé à une oeuvre commune, à de ces grandes affaires d'État qui arrachent l'homme a lui-même, et par leur intérêt supérieur absorbent l'individu, on le voit pourtant juger toutes choses d'un point de vue strictement Hohenlohe. Également détesté de tous les partis, il n'en était pas auquel il fût attaché par une sympathie véritable. Haut fonctionnaire de Bavière et de Prusse, il n'était pas de là plus que d'ailleurs. Il eût trouvé très naturel et très bon qu'on érigeât pour lui et les siens le gouvernement d'Alsace-Lorraine en charge héréditaire, ou tout autre gouvernement à défaut de celui-là. En somme, le prince de Hohenlohe cherchait ses commodités dans l'Allemagne nouvelle et unifiée et ne trouvait jamais qu'il fût avantagé selon ses ambitions et selon ses mérites. Il demandait à l'Empire de le possessionner le mieux possible. Libre d'humeur et d'esprit quant au reste, Hohenlohe demeurait, au fond, comme ses ancêtres, prince immédiat du corps germanique.

Suivant la remarque d'Auguste Himly, l'éminent géographe-historien, c'est toujours à la Révolution française qu'il faut remonter pour comprendre l'Allemagne contemporaine. Si les Hohenlohe n'avaient été médiatisés en 1806, avec tant d'autres princes, par la volonté de Napoléon, imprudent niveleur du chaos germanique, quelle eût été leur histoire au XIXᵉ siècle ? Souverains de cent mille sujets, ils se fussent occupés de défendre leur indépendance et leurs privilèges, cherchant secours tantôt en Autriche contre la Prusse, tantôt en Prusse contre l'Autriche, tantôt ligués avec la Bavière, tantôt visant à s'arrondir à ses dépens, au besoin subventionnés par la France vers laquelle des princes catholiques, cultivés et chez qui le goût des choses françaises était naturel, se sentaient attirés. Si les bouleversements de la Révolution et de l'Empire n'avaient métamorphosé l'Europe centrale, si l'histoire du XIXᵉ siècle eût été ce qu'elle devait être, la France aurait trouvé en Franconie, dans la personne de ces petits princes autonomes, sinon des alliés sûrs, du moins des protégés utilisables moyennant argent. La médiatisation de 1806 transforma Clovis de Hohenlohe-Schillingsfürst en partisan de l'unité allemande. Et c'est le contrecoup des victoires napoléoniennes qui fit de lui un ambassadeur de Prusse à Paris, un statthalter d'Alsace-Lorraine et un chancelier de l'empire allemand.

Ni ses goûts, ni sa religion, ni son origine, rien n'appelait Hohenlohe du côté de la Prusse, si ce n'est son ambition. Sa nationalité, depuis la médiatisation, était bavaroise. Les tendances de sa famille, autrichiennes. Le prince François-Joseph, son père, avait été élevé à Parme et à Vienne. Un de ses frères, le prince Constantin, sera grand maître de la cour d'Autriche. Au contraire, et de fort bonne heure, le prince Clovis regarda vers la Prusse. C'est que, doué très jeune de vastes convoitises pour les honneurs et le pouvoir, il avait pressenti que l'avenir était là. Sa clairvoyance, ses capacités politiques, et surtout sa volonté de parvenir, expliquent toute sa carrière « allemande ». Grand seigneur médiatisé, réduit à son domaine utile et à un siège héréditaire à la chambre haute de Bavière, en quoi Clovis de Hohenlohe se fût-il senti Bavarois ? Et en quoi se fût-il senti Allemand ? Entre le Rhin et la Vistule, l'idée de patrie n'existait pas au XIXᵉ siècle pour les gens de qualité. La « patrie allemande », *das deutsche Vaterland*, on laissait cela aux étudiants et aux braillards de brasserie. Plus encore que le patriotisme, Hohenlohe ignorait le loyalisme. Quel lien personnel eût rattaché aux Habsbourg, aux Hohenzollern, aux Wittelsbach, aux Zæhringen ou aux Guelfes un féodal qui, au fond, se tenait, malgré la médiatisation, pour l'égal des chefs de ces dynasties ? S'estimant libre de toute obligation, aussi intelligent qu'ambitieux, Clovis de Hohenlohe ne fut jamais embarrassé pour changer de gouvernement au mieux de sa carrière. Il servit deux rois, se déclara — non sans la réserve et l'ironie qui appartiennent à l'héritier de princes régnants — très humble sujet de tous les deux. Mais il ne se crut pas plus engagé envers l'un qu'envers l'autre et traita avec eux comme avec ses pairs.

Deux exemples montrent bien quelle était l'inconsistance des opinions, des idées et des nationalités dans l'Allemagne de ce temps-là. Ces exemples sont fournis par Hohenlohe et par Beust. Tous deux, ministres de monarchies moyennes mais indépendantes, passèrent le plus naturellement du monde au service de plus grandes maisons. Le comte de Beust, après 1866 et l'échec de ses plans, se désintéressa subitement des destinées de la Saxe et devint ministre de l'empereur d'Autriche ; le prince de Hohenlohe, ministre des Affaires étrangères et président du conseil en Bavière avant 1870, abandonna sans esprit de retour Munich pour Berlin quand les affaires furent devenues sans intérêt auprès de son ancien maître, et recueillit aussitôt après la fondation de l'empire la récompense de sa perspicacité et des services rendus à la Prusse au détriment de la dynastie de Wittelsbach. De telles mœurs n'étaient possibles qu'en Allemagne et dans l'Allemagne d'alors. Imagine-t-on un ancien ministre du roi des Belges occupant tout à coup le Quai d'Orsay ? Tel serait pourtant chez nous l'équivalent du cas de Hohenlohe et de Beust. Rien ne prouve mieux que l'Allemagne n'existait pas il y à soixante-cinq ans, sinon dans l'idée de quelques ambitieux et de quelques rêveurs, et qu'il s'en est fallu de peu qu'elle dût se contenter à jamais de cette existence idéale.

Le prince de Hohenlohe, s'il ne l'a dit, a certainement pensé en même temps que le comte de Beust le mot célèbre, et d'ailleurs juste, du ministre de Saxe : « Décidément, M. de Bismarck est toujours « favorisé par la chance. » Beust le disait par dépit et comme un homme battu par un rival heureux. Hohenlohe le pensa pour régler sa conduite et organiser sa vie d'après cette certitude qu'il n'y avait plus rien d'intéressant ni d'avantageux à faire, pour un homme comme lui, dans l'Allemagne de son temps, qu'avec la Prusse et à la suite de Bismarck. Le premier volume des *Mémoires* de Hohenlohe raconte en effet comment le prince se fit le meilleur agent de la Prusse dans l'Allemagne du Sud, et particulièrement en Bavière, avant d'être récompensé par les plus hauts postes que put lui offrir le régime nouveau. Cette partie du Journal n'intéresse pas la France aussi directement que les chapitres qui suivent. Mais elle donne l'image de l'Allemagne dans les derniers jours de son émiettement, et apporte un surcroît de lumière sur les événements qui précipitèrent, avec nos défaites, la formation de son unité.

II

Au service de la Prusse

Dès 1864, dès le commencement du règne du jeune roi Louis II, le prince de Hohenlohe intriguait pour devenir ministre. Il était déjà deviné et redouté par tous les patriotes bavarois, les particularistes, les catholiques, les ennemis de Berlin. La cour, principalement, le détestait. Et il le savait bien. Il se savait aussi soutenu par tout ce que le pays comptait de libéraux, d'anticléricaux et d'antiautrichiens, qui étaient en même temps les partisans de la Prusse. Au parlement comme dans l'opinion, les libéraux étaient assez puissants en ce temps-là en Bavière et le jeune roi, fort indifférent à la politique, occupé d'art et de wagnérisme, ne demandait, pour être tranquille, qu'à gouverner constitutionnellement. Hohenlohe croyait donc son heure venue. Mais Louis II l'écarta de prime abord pour une raison que nous apprend Hohenlohe lui-même. « Malgré l'opinion publique, je ne suis pas devenu ministre », écrit le prince le 23 novembre 1864. « La maison de Bavière ne veut pas d'un médiatisé pour ministre. Ce doit être une politique dynastique », ajoute-t-il ironiquement. Le roi de Bavière avait raison de se méfier des médiatisés. Nous avons vu qu'il pouvait à bon droit redouter leur esprit d'indépendance et de ressentiment.

Un curieux document nous apprend : quelles étaient les idées politiques de Hohenlohe, aspirant au gouvernement bavarois, vers le temps de la guerre des Duchés. Ce sont deux rapports sur l'état et l'avenir des pays allemands adressés à la reine d'Angleterre selon le désir de celle-ci. Ces rapports font d'ailleurs honneur au sens critique de Hohenlohe, qui avait admirablement compris la politique bismarckienne et prévoyait ce qui allait sortir de la querelle des Duchés : la guerre avec l'Autriche, cette puissance exclue des affaires allemandes, finalement l'unité au profit des Hohenzollern. Hohenlohe devine ces événements avec une netteté où sa complicité transparaît. Il annonce l'échec de Beust et de l'Autriche ; il ne peut s'empêcher de railler les efforts des inventeurs de la Triade, et ceux des monarques du Sud qui croient pouvoir échapper au grand coup de filet bismarckien. L'absence absolue d'une foi, d'un intérêt quelconque aux destinées de la Bavière se montre clairement dans ce prophétique rapport. On sent que les vœux du prince vont ailleurs qu'à son pays légal, et qu'il n'aspire qu'à se joindre à la force et au succès.

Le même persiflage qui, appliqué aux affaires de l'Empire, a exaspéré Guillaume II, Hohenlohe s'en servait dans son *Journal* aux dépens de la Bavière, de ses princes et de ses ministres. Pendant toute la guerre de 1866, il ne ménage aucune de ses ironies à l'armée bavaroise. Ses sympathies sont ouvertement prussiennes. Le jour de la rupture des relations diplomatiques, il a, en public, dédaignant le scandale et les reproches des patriotes bavarois, conduit à la gare son beau-frère, le prince de Sayn-Wittgenstein, attaché à l'ambassade de Prusse. La seule préoccupation du prince pendant toute la guerre (car le succès des Prussiens ne paraît pas avoir fait doute à ses yeux), c'est de savoir si la France interviendra ou non. Son soulagement se lit entre les lignes lorsque tout est fini sans que Napoléon III ait bougé. « Je considère la catastrophe présente avec un grand calme », écrit-il le 13 juillet 1866. Et il ajoute : « Cette catastrophe est salutaire, car elle déblaye en

Allemagne tout un état de choses usé et vieilli, et surtout parce qu'elle démontre *ad hominem* aux petits et moyens États leur misère et leur néant. J'accorde que c'est un désastre pour les dynasties. Mais c'est un grand bonheur pour les peuples. » C'est en apparence le « patriote allemand » qui parle ici. Mais le médiatisé fait peut-être entendre aussi son cri de rancune et de vengeance, À preuve cette plaisanterie amère sur les princes dépossédés de 1866 :

> Le prince de Nassau est ici. Il porte des lunettes bleues, ce qui ne lui donne pas un air banal. Il est en uniforme et je ne sais diable pas pourquoi. Les Prussiens lui ont peut-être enlevé ses habits civils ! Je comprends très bien, j'excuse même, du point de vue humain, que ces princes chassés, ou, comme on dit aujourd'hui, dépossédés, demandent l'appui des puissances étrangères contre la spoliation prussienne. Mais rien, du point de vue allemand, ne légitime leurs efforts et il faut souhaiter, dans l'intérêt de l'Allemagne, que leurs intrigues échouent.

Le point de vue allemand, l'intérêt de l'Allemagne, ce n'était, pour le prince de Hohenlohe, qu'un prétexte. Il s'en servit pour faire en Bavière le jeu de Bismarck et préparer une belle carrière allemande à l'héritier des souverains « dépossédés » de Hohenlohe, ex-électeurs du Saint-Empire. Vers le moment où Hohenlohe se voyait écarté du ministère bavarois, sa belle-sœur, la princesse Constantin de Hohenlohe (celle dont le mari était grand maître de la cour d'Autriche) portait sur lui ce jugement : « Dans mon beau-frère Clovis, écrivait-elle, j'ai toujours vu un caractère de transition. Par ses origines, il tenait profondément aux idées féodales des princes immédiats de l'Empire. En même temps, il avait l'intelligence vive et comme intuitive des aspirations libérales de notre temps. Il appartenait à sa souriante philosophie d'aplanir les difficultés et de concilier les contraires. » Le prince immédiat, nous l'avons vu, était toujours vivant chez le fils de ce dernier souverain régnant de Hohenlohe qui, ayant gagné à la bataille d'Austerlitz et à la paix de Presbourg d'être dépouillé de ses droits, s'enferma dès lors dans sa résidence et bouda également Napoléon, la Bavière, la Prusse, l'Autriche, et son siècle. La médiatisation explique tout Clovis de Hohenlohe, et même les idées libérales que lui attribuait sa belle-sœur.

Le libéralisme, au cours des années qui précédèrent 1870 et la fondation de l'Empire, fut, dans l'Allemagne du Sud, l'agent de l'unité et de la prussification. L'ambition de Hohenlohe lui indiquait que, pour parvenir, il fallait aller du côté prussien. Et c'est en se faisant libéral qu'il devenait possible, pour un Bavarois, de passer à la Prusse. L'adhésion du prince de Hohenlohe aux idées libérales n'alla pas plus loin. Dans son attitude anticléricale, dans sa lutte contre les jésuites, dans sa manifestation contre l'Infaillibilité, il ne faut voir que l'expression d'une nécessité de politique pratique et appliquée. Les *Mémoires* ne contiennent pas un atome de philosophie libérale. Les personnes, les cas, les situations et les relations comptaient seuls pour ce diplomate. Le mouvement d'opposition à l'Infaillibilité, qui prit un instant un caractère si grave en Allemagne, et auquel il collabora avec activité, ne fût pour lui qu'une occasion de diviser le parti catholique et particulariste de Bavière. Il se souciait bien des principes et des doctrines ! Quand l'unité sera faite et le particularisme réduit à l'impuissance, il ne songera plus à la théologie et abandonnera d'un cœur léger Doellinger et le Vieux Catholicisme, comme Bismarck, après s'être servi d'eux, les abandonna lui-même.

Le libéralisme fut, pour l'ambitieux et perspicace Hohenlohe, le prétexte de sa conversion aux idées de

Bismarck et le moyen d'engager la Bavière dans la voie de l'unité allemande. Le ministère libéral qu'il dirigea pendant trois ans ne fut que l'instrument de la politique bismarckienne.

Le 22 août 1866, avait été conclu entre la Prusse et la Bavière le traité d'alliance qui fut à peu près la seule exigence du vainqueur, et qui était destiné avant tout à exclure l'union de la Bavière, de l'Autriche et de la France contre la Prusse. Napoléon avait laissé échapper l'occasion. Sadowa, Kissingen, Langensalza, les trois victoires prussiennes, développaient leurs conséquences. La Bavière avait été, contre toute raison, contre toute attente, abandonnée par la France. Le journal de Hohenlohe confirme que le baron Perglas, venu à Paris dès le début des hostilités, ne fut même pas reçu par Napoléon III. Vaincue, la Bavière dut accepter la protection prussienne, renoncer à sa politique traditionnelle, et reporter de Vienne à Berlin son centre de gravité. D'ailleurs, la fameuse circulaire La Valette venait d'être rendue publique, L'empereur des Français y affirmait une fois de plus les idées de politique napoléonienne, et déclarait qu'au nom du principe des nationalités la France était toute prête à reconnaître l'unité allemande, et se ferait scrupule de s'y opposer. Il est frappant de retrouver dans le *Journal* de Hohenlohe les termes de ce document célèbre et qui mérite de rester comme l'acte d'accusation de l'Empire et des Bonaparte. « Le peuple français, écrivait donc Hohenlohe, a de trop grands sentiments, trop de noblesse, et trop conscience de lui-même, pour redouter la constitution d'une Allemagne unifiée. » Il faut lire cela repensé et transposé en allemand, avec les propres mots dont s'était servi Napoléon III, le véritable auteur de ce message historique, pour en saisir toute la portée et comprendre à quel point la politique napoléonienne, comme le constatait encore quarante ans plus tard, le prince de Bülow à la tribune du Reichstag, a favorisé les grandes transformations européennes qui, toutes, se sont faites contre la France.

Le cours nouveau pris par les événements à la suite de la catastrophe de 1866, la disparition de l'influence autrichienne dans l'Allemagne du Sud, la consternation des cours et rabattement du particularisme, l'ascendant d'un vainqueur qui offrait son amitié l'épée à la main, ces circonstances seules rendirent possible l'avènement d'un ministère Hohenlohe. Le jeune roi Louis II, médiocrement affecté par la mauvaise issue de la guerre et plus sensible au trouble de sa tranquillité privée qu'au danger prussien, se décida, malgré l'opposition des princes de sa famille, qui lui représentaient Hohenlohe comme un traître, à signer sa nomination le 31 décembre 1866. Il ne marqua d'ailleurs pas plus d'attachement à ce ministre-là qu'aux autres, n'eut guère de rapports avec lui que par l'intermédiaire de son chef de cabinet, et ne lui montra, comme à la presque totalité de ses contemporains, qu'une dédaigneuse indifférence. Hohenlohe la supporta aussi aisément que la haine des princes de la famille royale. Il note avec le ton ironique qui lui est ordinaire que le jour du mariage de là duchesse Sophie et de Monseigneur le duc d'Alençon, le prince Charles ne l'a salué que de loin, « avec la figure que l'on fait lorsqu'on rencontre un scorpion ».

Parvenu au ministère, Hohenlohe mit toute son activité au service de l'unité et de la Prusse. Son programme était celui du patriotisme allemand, avec d'adroites réserves en faveur de l'autonomie de la Bavière et des prérogatives de la dynastie de Wittelsbach. Dès ses premières déclarations, Bismarck, enchanté, le faisait féliciter par l'ambassadeur de Prusse à Munich, le prince de Reuss. Ce ne fut pas une des moindres chances du plus constamment heureux des politiques que de trouver un complice dans cet Allemand du Sud, ambitieux et sans scrupules, si habile à paraître défendre l'intérêt d'un pays (dont il était à peine) et d'un souverain (dont il contestait à part lui l'autorité), alors qu'il travaillait uniquement à préparer une médiatisation dont l'éclat effacerait et vengerait l'humiliation de celle des Hohenlohe.

Comme si là fortune eût voulu donner un dernier et inutile avertissement à la France, et lui indiquer la politique qui aurait pu et qui aurait dû être faite, les élections bavaroises amenèrent au Landtag, à la fin de l'année 1869, une majorité catholique et particulariste. L'idée allemande, forte dans les villes et parmi les classes moyennes, était identifiée par la masse de la population au plus haïssable des régimes : le caporalisme prussien. La caserne, la bureaucratie et le protestantisme, cette Trinité symbolisait l'unité aux yeux des vieux Bavarois. Il aurait fallu se servir de cette répulsion populaire, combinée avec l'inquiétude des petites cours, pour maintenir l'Allemagne dans sa division et arrêter les plans déjà trop avancés de Bismarck. À ce moment encore, Napoléon III ne tenta rien que de maladroites invites diplomatiques. Le marquis de Cadore, notre représentant à Munich, fit des ouvertures à Hohenlohe lui-même. Il prenait bien son temps ! Il est vrai qu'engagé par le système et désarmé par les erreurs du règne, le gouvernement de Napoléon III ne pouvait plus rien faire que de commettre les fautes extrêmes.

Un vote de la nouvelle assemblée, bavaroise, blâmant la politique du prince de Hohenlohe et exprimant la défiance du pays à son égard, l'obligea de se retirer au commencement de l'année 1870. C'était fini de sa carrière bavaroise. Mais son oeuvre était accomplie, Il avait resserré les liens politiques et diplomatiques entre les États du Sud et la Confédération du Nord ; il avait mis l'armée bavaroise en état de participer effectivement à toute guerre entreprise sous la direction de la Prusse. Il avait même, autant qu'on peut juger, à peu près convaincu Louis II que la seule manière de conserver son trône était de se montrer fidèle à la Prusse et déférent envers son roi. Tous ces services, que ne lui pardonnaient pas les patriotes de Bavière, valurent à Hohenlohe la reconnaissance de la cour prussienne. Le 10 mai, peu de temps après sa démission, le roi Guillaume lui adressait ce témoignage de satisfaction : « Cher prince, en témoignage de ma haute considération et de ma confiance, je vous envoie la grand'croix de mon ordre de l'Aigle rouge qui renseignera le monde sur l'état de nos relations. » C'était pour Hohenlohe, en cas de succès de l'œuvre bismarckienne, la promesse des grandeurs auxquelles il avait aspiré toute sa vie.

Quand il y réfléchit plus tard, Hohenlohe s'aperçut que sa chute de 1870 avait été le plus grand bonheur de sa carrière. Absent des affaires au moment de la guerre avec la France, il ne fut exposé à aucune des responsabilités qu'eût entraînées une défaite, et il garda le mérite d'avoir engagé une décision qu'il n'eut pas le risque de prendre. Envers Bismarck, son vrai maître, il avait rempli tout son devoir. Il n'éprouva donc que de médiocres inquiétudes quand le moment fut venu où la Bavière dut se résoudre à remplir les conventions du pacte fédéral et à marcher avec la Prusse. Louis II se décida après des hésitations et sans doute à contre-cœur. Les soldats bavarois se firent bravement tuer, Et c'était

Clovis de Hohenlohe qui, ayant préparé tous ses sacrifices, devait en recueillir le fruit.

Les *Mémoires* du prince nous obligent à poser une fois de plus l'irritante question. Était-il possible, même à cette extrémité des choses, d'empêcher la catastrophe de 1870 et cette catastrophe des catastrophes : la formation d'un Empire allemand ? N'y avait-il pas moyen, même à ces derniers degrés de la pente, de retenir encore l'Allemagne dans un état en faveur duquel conspiraient tant d'intérêts et tant d'habitudes ? Les notes prises par le prince au cours de la guerre de 1870 montrent une fois de plus que l'unité ne se fit ni si aisément ni si naturellement que nos professeurs l'enseignent. Ses partisans et ses auteurs furent souvent inquiets du tour que prenait l'affaire et des difficultés qui renaissaient sans cesse de tous côtés. Qu'on n'estime pas superflue notre insistance à revenir sur ces détails historiques. Ce passé est d'hier. Il nous talonne encore. Ce n'est pas par un vain goût de l'hypothèse ou de l'histoire imaginaire qu'on se représente toutes les possibilités qui, dans des circonstances décisives pour l'avenir de la nation française, furent gâchées et négligées en conformité des funestes principes posés par la Révolution et appliqués par la politique napoléonienne. La véritable politique française, celle des traités de Westphalie, celle de Richelieu, de Vergennes et de Talleyrand, éprouvée par une expérience de deux siècles, était si naturelle, répondait si bien à la nature des choses, que jusqu'au moment où l'œuvre de nos hommes d'État fut irrémédiablement détruite, des occasions apparurent qui eussent permis de la continuer. Ce sont au moins des indications sur le cours différent que les événements du XIXᵉ siècle auraient pris à l'avantage de la France, si la

France avait, à ces dates critiques, possédé les institutions qui sont garantes du bien public.

Il paraît aujourd'hui certain qu'en 1870, après tant d'erreurs et de fautes commises, quelques chances de salut s'offraient encore à nous. Nous parlerons plus loin de la question des alliances avant la guerre de 1870 et des difficultés que rencontra Bismarck jusqu'à la dernière époque de l'unification allemande. Les *Mémoires* que nous examinons contiennent sur ce sujet des notes intéressantes. Le prince de Hohenlohe rapporte, à la date du 20 août 1870, ce mot du comte Bray (ministre de Bavière) au comte Stadion : « Vous avez été bien sots, en Autriche, de ne pas nous déclarer la guerre dès que nous avons marché avec la Prusse », ce qui indique au moins un médiocre enthousiasme à « marcher ». Le 29 août : « Le roi Louis II n'est pas encore mûr pour des résolutions allemandes. » Le 28 novembre, au moment des négociations de Bismarck avec les princes, à Versailles, Hohenlohe s'inquiète de leur résistance et de leurs exigences : « Le prince héritier de Saxe est plus antiprussien que jamais. Weimar est sous son influence et, au commencement, s'est montré très hostile à l'idée impériale… » Le 2 décembre, c'est sur l'état de l'opinion en Bavière que les doutes le prennent :

L'accord de Versailles est trouvé mauvais par le parti progressiste et les ultramontains travaillent aussi contre lui… S'il échoue, les ultramontains sont assez-forts pour obtenir l'isolement et le rendre acceptable au pays. La clique autrichienne-française-ultramontaine fera tout son possible pour nous mettre dans les mains de l'Autriche.

Et c'est en songeant à ces incertitudes des journées de Versailles que Bismarck, respirant enfin, disait quelque temps après à Hohenlohe lui-même : « Je n'ai eu qu'une fois de grandes craintes, et c'est là-bas. Si la Bavière n'avait-pas accepté, nous en aurions eu pour des siècles d'être en hostilité avec le Sud. » D'ailleurs le sceptique, l'ironiste détaché des choses qui logeait dans le cœur de Hohenlohe, ne peut s'empêcher de sourire au spectacle des intérêts et des ambitions déchaînés en Allemagne par la victoire. Le « Wurtemberg », note-t-il le 14 décembre,

a voulu, à Versailles, obtenir la principauté de Hohenzollern ; Darmstadt demandait la Hesse septentrionale et une partie du Palatinat, mais tous deux ont été résolument écartés par Bismarck. Les Prussiens parlent alors de *marchandages d'âmes et de trafic de royaumes*. Mais quand on leur objecte l'Alsace-Lorraine, ils répondent : C'est une autre affaire. On la forcera.

La victoire de 1870 promettait une curée dont se réjouissaient les principicules. Mais le roi de Prusse, Bismarck et Hohenlohe après eux, furent seuls à profiter de nos dépouilles.

Député au Reichstag dans l'Allemagne enfin constituée, le prince de Hohenlohe saisit avec empressement cette occasion de se rapprocher du soleil. Ce fut le moment de récolter après avoir si bien semé. L'empereur Guillaume, le Kronprinz, Bismarck et, chose plus rare, les princesses elles-mêmes l'avaient pris en affection, ceux-ci pour les services rendus, celles-là pour la finesse de son esprit, et l'agrément de ses manières. C'est ainsi que le prince de Hohenlohe s'éleva aux honneurs et aux plus hauts postes du nouvel Empire. En mai 1874, il était nommé ambassadeur d'Allemagne à Paris et remplaçait le comte d'Arnim, mis en disgrâce pour avoir désobéi au chancelier et refusé de prêter son appui, comme il en avait l'ordre, au parti républicain français.

III

La mission d'un ambassadeur d'Allemagne à Paris, sous la troisième République.

Les recommandations que fit Bismarck à Hohenlohe avant que celui-ci quittât Berlin comportent un haut enseignement politique. On connaît ces « instructions aux ambassadeurs » des ministres de notre monarchie, qui forment un corps d'admirables leçons diplomatiques où l'expérience de plusieurs siècles se trouve résumée. Depuis Charnacé jusqu'au comte d'Esterno, tous les ambassadeurs du roi aux pays d'outre-Rhin recevaient la mission d'entretenir en Allemagne la division et l'impuissance. C'est la même politique que Bismarck, à la tête de l'Empire allemand, se proposait d'appliquer à la France vaincue. La République, le gouvernement des partis, devait jeter notre pays, au lendemain de ses défaites, dans le même état d'anarchie où la multiplication des souverainetés avait plongé les peuples germaniques épuisés par la guerre de Trente ans. Bismarck savait que le plus grand bénéfice de la victoire ne consiste pas à arracher au vaincu des provinces et de l'argent, mais à prendre sur lui un tel ascendant qu'il ne puisse plus agir avec liberté, même dans ses affaires intérieures. Ce que Richelieu et Mazarin avaient fait en Allemagne au moyen des traités de Westphalie et de la Ligue du Rhin, Bismarck le recommença pour nous en aidant par l'intrigue et par la menace à la fondation de la République. La constitution de 1875 peut être considérée comme l'acte additionnel du traité de Francfort. Ce n'est pas celui auquel Bismarck tenait le moins.

La République étant, en France, le régime le plus favorable à l'Allemagne, c'était celui que devait appuyer l'ambassadeur allemand pendant tout le temps où la forme du gouvernement serait en question chez nous. Les instructions de Bismarck étaient formelles. Tout patriote français devrait en connaître l'esprit et en graver dans sa mémoire la vigoureuse expression :

Sur la France, note Hohenlohe, le 2 mai 1874, au sortir d'une entrevue avec le chancelier, *Bismarck me dit qu'avant tout nous avions intérêt à ce qu'elle ne devînt pas assez forte à l'intérieur ni assez considérée à l'extérieur pour arriver à se faire des alliés. Une République et des discordes civiles seraient une garantie de la paix. Le prince convenait qu'une République forte serait sans doute un mauvais exemple pour l'Europe monarchique. Cependant, si je l'ai bien compris, la République lui paraît moins dangereuse que la Monarchie qui favoriserait à l'étranger toute espèce de désordre... De tous les monarques de France, les Bonaparte sont pour nous les meilleurs. Mais le mieux serait encore que la situation présente pût durer.*

C'étaient les mêmes instructions qu'avait reçues mais que n'avait pas suivies le comte d'Arnim auquel Bismarck écrivait : « Nous n'avons certainement pas pour devoir de rendre la France plus forte en consolidant sa situation intérieure et en y établissant une monarchie en règle. » Et ce n'était pas une vue particulière à Bismarck, c'était aussi l'idée de l'empereur Guillaume. Seulement le vieux souverain, toujours moins hardi et plus conservateur que son ministre, ayant en outre gardé sur Gambetta et le gouvernement de la Défense nationale des illusions que n'avait plus Bismarck, se méfiait un peu de la République. Déjà la conversation qu'il eut avec Hohenlohe à l'audience qui précéda le départ du prince pour Paris, indiquait chez Guillaume Ier des tendances qui devaient se développer sous une influence que nous verrons. Les préférences de Guillaume Ier allaient évidemment au régime napoléonien. Il savait gré à Napoléon III d'avoir fait les affaires de la couronne prussienne et en même temps d'avoir déguisé le caractère démocratique et révolutionnaire de son pouvoir, caractère odieux à la pensée d'un souverain traditionnel. Aussi était-ce une approbation nuancée d'une réserve que l'empereur d'Allemagne donnait, devant Hohenlohe, au programme français de Bismarck :

7 mai 1874. — Aujourd'hui, audience de congé chez l'Empereur. Il m'a reçu dans son cabinet, m'a fait asseoir en face de lui et a été très cordial. Il m'a dit que Bismarck, que j'ai vu aujourd'hui, lui avait fait part des instructions qu'il m'avait données. L'empereur souhaite de maintenir avec la France des relations aussi bonnes que possible. Bismarck, attache une importance particulière à ce que la France ne devienne ni trop forte ni capable d'avoir des alliances. Cela est fort bon. Pourtant, il ne serait ni possible ni convenable que nous travaillions nous-mêmes à mettre la France en révolution. Ensuite l'empereur parla des bonapartistes. Le tsar Alexandre et Gortschakoff lui auraient affirmé que ceux-ci gagnaient du terrain... « *Pour nous* », ajouta textuellement l'empereur, « *ce ne pourrait être qu'une bonne affaire si les bonapartistes reprenaient le gouvernement, seulement je ne sais pas comment le jeune homme de dix-huit ans* (le prince impérial) *gouvernerait un pays comme la France... »* — L'empereur en vint alors à me raconter une conversation qu'il avait eue autrefois avec Nigra. Il dit à Nigra, pour que ses paroles fussent répétées à Napoléon III : « *Je ne verrai pas l'unité allemande. Mon fils ne la verra peut-être pas non plus. Pourtant elle viendra. Et si Napoléon cherche à l'empêcher, ce sera sa* perte. » *Cela fut redit à Napoléon, qui fit cette réponse :* « Le roi de Prusse se trompe. Je ne commettrai pas cette faute. » — « *Et pourtant*, conclut l'empereur Guillaume, *c'est bien ce qui est arrivé, quoique Napoléon n'ait pas commis* « *sa faute.* »

Il y avait beaucoup de philosophie historique et politique dans la bonhomie du vieil empereur.

Le journal de la mission du prince à Paris, de 1874 à 1885, est la partie la plus développée de ces *Mémoires*. Elle en est aussi la plus importante. On y trouve des preuves nouvelles de l'appui que prêta Bismarck à l'établissement de la troisième République. On y voit par quelle complicité inconsciente, naturelle et spontanée avec l'ennemi, les chefs républicains, Thiers, le libérateur du territoire, Gambetta, l'organisateur de la résistance, sacrifièrent la France à leur parti : l'intérêt de la République ayant exactement et sur tous les points coïncidé avec l'intérêt de la Prusse. Et si tout cela était connu déjà, connu de toute certitude, par la correspondance du chancelier et les souvenirs de Gontaut-Biron, les *Mémoires* du prince de Hohenlohe apportent une confirmation de plus à la thèse qui est tout entière exprimée dans ce titre que ratifiera peut-être l'histoire : « La République de Bismarck».

Mais surtout, par des indiscrétions dont Bismarck paraît bien s'être gardé, même posthumes, nous lisons maintenant, grâce à Hohenlohe, jusqu'au fond de la politique bismarckienne. Les derniers doutes, les dernières ambiguïtés se lèvent sur la participation de Bismarck aux affaires françaises après la guerre. Nous connaissons pleinement aujourd'hui ses intentions et son point de vue, Avec cette absence de retenue, avec ce scepticisme et ce dilettantisme qui trouvent leur explication dans sa qualité de prince médiatisé, Hohenlohe a dit l'essentiel en révélant les instructions qu'il avait reçues de son gouvernement. Sans égard aux conséquences que ses indiscrétions pourraient entraîner dans la suite pour la politique allemande (qui n'a plus varié depuis que Bismarck à fait école et que le succès a impose sa doctrine), le prince de Hohenlohe apprend aux patriotes français le rôle que jouait dans la République un ambassadeur d'Allemagne.

Bismarck avait dû sévir rigoureusement contre d'Arnim, infidèle exécuteur de ses ordres. C'est que les circonstances étaient devenues graves et menaçantes pour son système. Voici, en effet, à quel point en étaient les choses lorsqu'il obtint de Guillaume Ier la permission de destituer Arnim et d'envoyer en France l'ancien ministre du roi de Bavière.

M. Gabriel Hanotaux a écrit, en termes très justes, dans son *Histoire de la France contemporaine*, qu'après 1871 « les circonstances pouvaient devenir favorables à une politique blanche que le prince de Bismarck considérait comme devant lui être contraire et redoutable ». En effet, Bismarck, parvenu à constituer l'unité allemande par des procédés révolutionnaires et attentatoires aux principes posés par les traités de Vienne, vit soudainement l'Europe se ressaisir et toutes les forces conservatrices se rassembler contre lui. L'élément de désordre, de trouble et de division qu'apportait dans le concert européen une France démocratique et napoléonienne avait disparu, depuis qu'une Assemblée monarchiste semblait promettre à notre pays un retour à sa politique traditionnelle et normale. Les craintes et les méfiances qu'avait au début inspirées à l'Europe l'Empire de Napoléon III se retournaient contre l'Empire de Bismarck. Le chancelier, qui connaissait notre histoire, nos erreurs et nos passions, essaya d'abord de parer le danger en agissant sur l'opinion démocratique française par le fantôme de la Sainte-Alliance. Il profita de l'entrevue des trois empereurs à Berlin (septembre 1872) pour donner au patriotisme français l'illusion que l'étranger menaçait la République. La Vérité est qu'il n'en croyait rien lui-même, qu'il n'était nullement rassuré sur les desseins de l'Autriche, qu'il redoutait et le tsar et la reine Victoria, et qu'il sentait bien que si la Sainte-Alliance se reformait, ce serait contre lui, Bismarck, violateur de l'ordre européen au même titre que Napoléon.

L'ordre européen, conception à laquelle la France avait porté les premières atteintes, aurait peut-être, en 1870, sauvé notre pays, si notre pays se fût trouvé en état d'y faire dignement appel. Quoique travaillant pour le compte d'une monarchie légitime, Bismarck avait fait une politique révolutionnaire. C'était là, il le savait, la partie faible et vulnérable de l'unité allemande. Mais l'Europe écouterait-elle Thiers, Gambetta où Jules Favre se plaignant des révolutions ? Était-ce pour la démocratie française que les puissances répareraient les fautes de Napoléon III ? Nous payâmes, dans ces grandes circonstances, pour nos institutions républicaines. Mais l'Europe paya avec nous. Elle le comprit trop tard, lorsque l'hégémonie allemande et le système de la paix armée commencèrent à peser sur elle. Ainsi la République ne compromet pas seulement notre avenir national. Regardée de ce point de vue, elle apparaît comme un malheur européen.

Une neutralité universelle avait favorisé les victoires prussiennes et les succès de Bismarck. Mais, après la guerre, il craignait de voir se former contre son œuvre une autre Sainte-Alliance. L'unité allemande était pour les puissances une menace qui pouvait les unir contre le nouvel édifice à peine constitué. La chute du pouvoir temporel, en relation directe avec les victoires prussiennes, n'était pas seulement une autre atteinte au statut de l'Europe. C'était une offense et une diminution, pour, le catholicisme tout entier. Bismarck, appui de la maison de Savoie, était rendu solidairement responsable de la spoliation du Saint-Siège. Il eut dès lors toute la catholicité pour ennemie. Qu'un, pouvoir traditionnel fût établi en France, et la France, redevenue fille aînée de l'Eglise, se trouvait en état de former contre lui une formidable coalition. La monarchie de Henri V n'eût pas seulement « rendu la France plus forte », selon les propres expressions du chancelier, elle eût encore été capable de conclure les alliances les plus solides, et les plus décisives. Le danger auquel une coalition conservatrice et catholique exposait le prince de Bismarck ne lui venait pas que de l'extérieur. En Allemagne même, la « politique blanche » s'opposait à sa politique révolutionnaire. Il rencontrait les mêmes adversaires conservateurs et ultramontains au dedans qu'au dehors. L'affaire Arnim fut une des manifestations de l'opposition redoutable qui, pendant six ou sept années, menaça son œuvre. Remarquons tout de suite qu'il n'en vint à bout qu'après le 16 mai et l'établissement définitif de la République en France.

Pendant les six premières années de l'unité allemande, Bismarck put se demander si la chance, qui l'avait servi jusque-là dans toutes les circonstances diplomatiques et militaires, n'allait pas l'abandonner, maintenant qu'il s'agissait de gouverner l'Empire. Une lutte d'un nouveau genre commença, dans laquelle il eut à craindre, plus d'une fois d'être désavoué par le souverain qui lui avait fait confiance. La question du pouvoir temporel, dans laquelle il avait refusé d'écouter les catholiques allemands, fit du centre un parti d'opposition à l'Empire. En outre, par position géographique autant que par tradition historique, les députés catholiques se trouvèrent être les adversaires de l'unité : les Bavarois particularistes formaient le gros du parti ultramontain avec les Polonais rebelles à la germanisation. Les Danois, les Hanovriens, restés fidèles à la dynastie guelfe, étaient encore autant d'ennemis irréductibles. Et Bismarck venait d'ajouter une Pologne de l'Ouest à la Pologne de l'Est par l'annexion de l'Alsace-Lorraine, dont les députés, d'abord farouchement protestataires, ne tardèrent pas à prêter leur appui à l'opposition du centre. Bismarck répondit par la guerre religieuse : proscription des jésuites et des congrégations, lois de mai, Kulturkampf. Lutte pleine d'embûches et de périls : au plus fort, la défection des conservateurs protestants, qui ne pardonnaient pas à Bismarck de se compromettre avec le parti de la Révolution et les libéraux, mit le chancelier dans une position critique. C'est alors qu'il montra toute sa décision et toute son énergie, et que, pour le salut de son œuvre allemande, il cessa même d'être Prussien. Car la Prusse, c'est encore du particularisme. Si, à la Diète prussienne, les conservateurs s'allient aux Polonais, aux ultramontains et aux ennemis de l'Empire, le hobereau poméranien se retournera contre sa caste, au besoin contre son pays d'origine, et combattra ce qu'il appelle à présent des préjugés de province. À la fin de 1872, il abandonne le ministère prussien, y installe Roon à sa place et agit de toute son autorité et de toute son influence sur le conseil fédéral pour ruiner définitivement les dernières résistances de l'ancienne Allemagne et balayer jusqu'en Prusse « le luxe de végétation inutile du particularisme allemand».

Ce fut peut-être le passage le plus dangereux de toute sa carrière. Il n'était que le chancelier. Il oubliait parfois qu'il avait un souverain et un maître. Roi légitime, roi prussien, Guillaume Iᵉʳ, attaché à ses traditions, n'admettait pas toujours sans hésitations ou sans scrupules les méthodes révolutionnaires de son ministre. À la cour même, Bismarck trouvait des résistances à sa politique. L'empereur plus d'une fois lui échappa. Des intrigues se nouaient contre le chancelier, dont l'impératrice était l'âme, et, derrière l'impératrice, le vicomte de Gontaut-Biron, ambassadeur de France, dont le rôle, à la lumière des documents nouveaux, apparaît encore plus considérable qu'on n'avait cru. Les souvenirs de M. de Gontaut-Biron s'arrêtent à la fin de 1873 et sont d'ailleurs fort discrets sur l'activité occulte de notre représentant. Mais ce que révèlent les *Mémoires* du prince de Hohenlohe justifie la haine dont Bismarck poursuivit M. de Gontaut-Biron, l'acharnement qu'il mit à exiger du gouvernement français son rappel, et le soupir de soulagement qu'il poussa lorsqu'il l'eut obtenu de Gambetta au pouvoir : « Le changement de l'ambassadeur de France à Berlin m'a causé une satisfaction extraordinaire », écrira-t-il le 28 décembre 1877 au comte Henckel de Donnersmarck. Or cette année 1877 se termina sur la double victoire des républicains en France et de Bismarck en Allemagne, sur l'apaisement du Kulturkampf et sur le commencement des hostilités contre les catholiques français.

Après cet exposé, qui était nécessaire, il devient facile de comprendre le sens et surtout d'apprécier la portée des instructions que Bismarck avait données au prince de Hohenlohe en le chargeant de l'ambassade d'Allemagne à Paris. Ces instructions se résumaient en ceci : faire le contraire de ce qu'avait fait le comte d'Arnim. C'est-à-dire, avant tout, soumission absolue aux ordres du chancelier : pas d'intrigues avec personne en Allemagne, pas d'égard aux volontés de la cour ni même à celles de l'empereur. Hohenlohe ne devra servir que l'intérêt de l'Empire allemand. Cet intérêt, tel que Bismarck le conçoit, veut que la France reste dans l'état de division et de faiblesse que garantit la République. Il veut même que cette République soit « la plus rouge possible» et que les anticléricaux en deviennent les maîtres. Car la France monarchique serait non seulement forte mais *bündnisfœhig*, capable de conclure des alliances et principalement cette coalition blanche qui ébranlerait l'Empire en réunissant contre lui tous ses ennemis de l'extérieur et de l'intérieur. Se lier avec les républicains, battre en brèche toute influence ultramontaine, effacer les impressions laissées par le comte d'Arnim, nuire par tous les moyens au gouvernement conservateur, faire obstacle par intimidation à l'établissement de la Monarchie, et enfin exiger le rappel de Gontaut-Biron : tel était le programme immédiat que le nouvel ambassadeur emportait de Berlin.

Nous allons voir que le prince de Hohenlohe s'acquitta de ses devoirs à la satisfaction de Bismarck. Le chancelier avait distingué que cet aristocrate sans préjugé et sans racines, aussi indifférent à la religion catholique qu'aux principes libéraux, à l'« ordre européen » qu'au patriotisme de terroir, surtout ambitieux de hautes charges et de grands emplois, était bien l'homme qu'il fallait dans ce moment de crise et de transition allemande.

Arrivé à Paris le 18 mai 1874, le prince de Hohenlohe s'empressa de se lier d'amitié avec l'homme dont la chute (comme en témoigne M. de Gontaut-Biron) avait consterné les cercles politiques de Berlin : Adolphe Thiers. Le 16 juillet, Hohenlohe note sur ses carnets :

Ce matin, visite chez Thiers. Il commença par me dire qu'il avait eu l'idée de me rendre visite pour m'exprimer la part qu'il prenait à l'attentat (de Kulmann sur Bismarck). Il y avait longtemps qu'il était lié avec le prince de Bismarck, et les négociations de paix avaient encore accru chez lui ce sentiment d'amitié. Le prince lui avait beaucoup facilité les choses et modéré autant que possible les conditions.

« Je ne dis pas cela à mes compatriotes qui trouvent que l'on a été beaucoup trop dur », ajouta-t-il. Mais telle était son opinion. Et de là sa gratitude pour Bismarck.

Cette gratitude de Thiers, c'est au moins quelque chose d'inattendu. Mais les *Mémoires* du prince de Hohenlohe nous en apprennent bien d'autres. On y voit que des relations cordiales s'établirent dès ce moment entre Thiers et l'ambassadeur d'Allemagne. Bientôt après, cette intimité était même rendue publique par la présence, « au grand étonnement de tous », note le prince, de M. et de Mme Thiers à une réception de l'ambassade. Hohenlohe, de ces premières conversations, ne rapporte que peu de choses. Du moins avait-il réussi à établir un contact avec le représentant de la « République conservatrice ». Il put en témoigner à son premier voyage à Berlin.

Une surprise y attendait Hohenlohe. Il trouva l'empereur en désaccord avec Bismarck. Déjà, à son audience de congé, Guillaume Ier lui avait indiqué qu'il pensait bien, comme son chancelier, que la République en France était une chose favorable à l'Allemagne. Mais il avait ajouté qu'il n'estimait « ni possible ni convenable » que son ambassadeur se fît, même chez l'ennemi, le complice de la Révolution. Ces dispositions paraissaient avoir gagné en force chez l'empereur, car

Hohenlohe l'entendit se plaindre autant des idées avancées de Bismarck, « qui voulait le conduire on ne sait où », que de son mauvais caractère, des menaces de rupture et des offres de démission qu'il opposait à toute réserve ou à toute désapprobation de son maître. L'empereur craignait que Bismarck ne voulût encore la guerre, à quoi il était résolument opposé. Il priait même Hohenlohe de lui servir de porte-parole, comme s'il eut craint de faire lui-même des reproches à son terrible ministre. Celui-ci, d'ailleurs, en restait toujours à son point de vue. Il me réitéra, écrit Hohehlohe, « que nous avions le plus grand intérêt à maintenir en France le *statu quo* : la République, même la plus rouge, nous est favorable. La Monarchie rendrait la France capable de conclure des alliances et est dangereuse pour nous. »

Ainsi le contraste entre la politique de Bismarck et les idées de l'empereur grandissait. L'empereur revenait à la politique de l'ordre européen, à l'idée de la solidarité de tous les pouvoirs, Il estimait que Bismarck, en favorisant les éléments démocratiques de France, suivait une politique imprudente et, en même temps, déshonorait et compromettait son souverain. Qui avait pu déterminer ce renversement d'idées chez le vieux monarque ? Bismarck ne se l'était pas demandé longtemps : c'était l'ambassadeur de France à Berlin, c'était M. de Gontaut-Biron.

L'heure était grave pour Bismarck : les particularistes devenaient de plus en plus entreprenants en Bavière. L'Espagne était agitée par le carlisme, Un puissant mouvement catholique et conservateur se formait en Europe, qui trouvait accès partout et jusqu'auprès de l'empereur d'Allemagne. Bismarck courut au plus pressé, qui était d'obtenir le rappel de Gontaut-Biron, dont l'action et l'influence prouvaient déjà à elles seules et par leurs promptes conséquences à quel point eût été dommageable à la politique bismarckienne la monarchie légitime et catholique restaurée en France.

Le mot d'ordre du prince de Hohenlohe fut dès lors de demander au duc Decazes, sans répit et comme une sorte de *delenda Carthago*, le déplacement de M. de Gontaut-Biron. Il faut rendre cette justice aux parlementaires conservateurs de ce temps-là qu'il refusèrent constamment de satisfaire aux exigences de Bismarck. Le duc Decazes connaissait les services que M. de Gontaut-Biron nous rendait à Berlin et il savait sans doute aussi que la faveur de Guillaume Ier balançait utilement la disgrâce auprès de son ministre. Sur les refus modérés mais fermes de Decazes, Bismarck chargea Hohenlohe de redoubler d'insistance. Il se plaignait en ces termes de l'ambassadeur « ultramontain et légitimiste » qui représentait la France :

Gontaut s'est créé une situation à la cour qui le rend impropre à continuer les affaires diplomatiques. Il se peut que cela ait été possible au temps de Catherine II, mais de notre temps je ne puis supporter cela, pas plus qu'un ministre anglais ne souffrirait une intimité hostile au ministère entre la reine et des diplomates étrangers.

L'allusion aux femmes est transparente. Bismarck avait toujours détesté l'impératrice et sa belle-fille, qu'il appelait « la jument anglaise », d'après un mot de son répertoire de gentilhomme fermier. Une autre fois il répétera à Hohenlohe : « Gontaut s'est mis bien avec l'impératrice. C'est pourquoi il n'est plus digne de confiance. » Et une autre fois encore, en mars 1877, le prince de Hohenlohe fera ce récit, qui donna la mesure de l'influence exercée par Gontaut :

Allé chez Bismarck, où j'ai appris toutes sortes de choses inattendues. La raison pour laquelle on ne veut pas que je peigne les choses sous un jour trop pacifique, est que l'empereur, sous l'influence de l'impératrice et de Gontaut, se refuse à renforcer l'armée sur la frontière française, en sorte que nous devenions égaux aux Français. Il y a tant de cavalerie et d'artillerie à la frontière que Metz est menacé. Les Français pourraient envahir à tout instant et nous mettre dans la situation la plus fâcheuse. Mais il n'y a pas moyen de déterminer l'empereur à envoyer des régiments de cavalerie à la frontière, simplement par crainte d'effrayer les Français. L'influence de l'impératrice augmente toujours, et Gontaut est derrière elle.

Quelques mois après, le prince de Hohenlohe était venu à Gastein consulter le chancelier, celui-ci se plaignit plus fort que jamais de Gontaut-Biron :

Il est inconcevable, me dit le prince, qu'on puisse laisser à Berlin un homme qui passe son temps à conspirer contre le gouvernement impérial avec les Polonais, les, ultramontains et autres ennemis de l'Empire.

…L'empereur rend difficile la conduite de la politique avec la France. Sous l'influence de Gontaut, il s'en tient toujours à la soi-disant solidarité des intérêts conservateurs, la vieille politique d'Arnim, au lieu de voir que la France reste incapable d'alliance et divisée… Le chancelier dit encore que ce serait une prétention un peu trop forte que de vouloir lui faire croire que l'impératrice ne s'occupe pas de politique et n'intrigue pas contre lui. Depuis quinze ans, il trouve partout l'impératrice en adversaire. Elle se fait adresser des correspondances qu'elle lit à l'empereur au déjeuner, et c'est toujours après le déjeuner que le chancelier reçoit de l'empereur des billets désagréables. L'empereur approuve en principe sa politique religieuse, mais il fait des difficultés sur le détail, et l'ingérence de l'impératrice en est la cause. Schleinitz, Goltz, Nesselrode et d'autres travaillent contre Bismarck avec l'impératrice… Tout ce qui est ennemi du gouvernement impérial est soutenu par elle. Et tant que Gontaut-Biron sera à Berlin, il y aura une sorte de contre-ministère avec lequel le chancelier aura à combattre.

Derechef, le prince de Hohenlohe fut chargé du rôle d'intermédiaire entre Bismarck et l'empereur Guillaume. Cette fois, il devait expliquer et défendre devant le souverain la politique bismarckienne :

Aujourd'hui, audience chez l'empereur. Je parlai aussitôt des affaires françaises et je remarquai que l'empereur se trouve sous une influence étrangère, qu'il est conduit dans ses jugements par des influences étranges et étrangères. Il me vanta l'esprit de suite et l'énergie de Mac-Mahon et loua ses efforts pour arrêter le radicalisme. Il affirma tout particulièrement son antipathie pour Gambetta, qui, s'il devenait jamais président, ferait la guerre à l'Allemagne. Bref, l'empereur entra dans des considérations que l'on n'a l'habitude de lire que dans les organes de l'Élysée et du duc de Broglie. Il se plaignit des excès de la presse allemande, même de la presse officieuse, contre le gouvernement français, et exprima la crainte que de continuels coups d'épingle ne lassassent à la fin la patience des Français et ne leur donnassent le motif d'une guerre où tous les torts seraient de notre côté. Je me permis de parler dans un tout antre sens. Entre autres choses, je fis remarquer à l'empereur que je ne pouvais croire que la République de Gambetta entreprendrait la guerre contre l'Allemagne. Pour faire la guerre, il faut des alliances au dehors et, au dedans, un gouvernement indiscuté et l'union du pays. Or Gambetta serait obligé d'entamer la lutte avec le parti clérical, et ce serait le signal d'un conflit qui aurait bien plus d'envergure encore que notre Kulturkampf. Il aurait ainsi beaucoup trop à faire à l'intérieur pour avoir le temps de penser à une guerre avec nous. D'ailleurs, il serait bien difficile à Gambetta de conclure une alliance contre nous avec une puissance étrangère, etc. L'empereur écouta attentivement mes déductions, mais il ne me parut pas convaincu.

M. de Gontaut-Biron avait donc merveilleusement travaillé pour la France. Il avait réussi à ébranler la situation de Bismarck. Il avait profité de l'animosité qui régnait depuis longtemps entre l'impératrice et le chancelier. Il avait habilement exploité les sentiments conservateurs de la cour et des milieux politiques allemands. Guillaume Ier, qui trouvait déjà révolutionnaire le titre d'empereur allemand que Bismarck ne lui avait pas fait accepter sans peine à Versailles, Guillaume Ier, qui, au moment de la nomination du prince de Hohenlohe à Paris, ne partageait qu'avec une certaine modération, nous l'avons vu, les idées de Bismarck sur l'utilité d'une République en France, avait fini par trouver dangereux cet appui prêté par son gouvernement aux démocrates français. Nous ne saurons jamais si l'empereur s'arrêta à cette opinion par faiblesse, par timidité et par incompréhension de la politique hardiment utilitaire de Bismarck, ou si plutôt, à cette politique-là, il ne préférait celle de Metternich qui ne sacrifiait pas à un intérêt particulier et immédiat les intérêts supérieurs de la civilisation, de l'ordre et du progrès universels.

Enfin, Guillaume Ier céda devant ce ministre autoritaire qui imposait au souverain la loi du bien public. Le système de Bismarck l'emporta et ses conséquences se déroulèrent telles qu'il les avait prévues. Le prince de Hohenlohe continua d'entretenir avec Thiers, le plus convenable des républicains, des relations étrangement cordiales. Au point que, le duc Decazes lui en fit un jour la remarque : « On dit que vous ne sortez pas de chez M. Thiers », et à cette observation de notre ministre des Affaires étrangères, le prince de Hohenlohe ne rapporte pas qu'il ait rien trouvé à répondre. Thiers allait en effet, au témoignage de ces *Mémoires*, converser très souvent avec l'ambassadeur d'Allemagne. Il était d'accord avec lui que la République était une bonne chose, les cléricaux des gens qu'il fallait battre, le maréchal un pauvre homme, les princes des personnes gênantes, et Gontaut-Biron (choisi jadis par lui-même pour le poste de Berlin) un envoyé dangereux et impossible. La note suivante, datée du 7 février 1876, montre en quels termes vraiment excellents vivaient l'illustre vieillard et l'agent du prince de Bismarck :

La princesse Troubetzkoï m'a dit hier soir que Thiers était très affecté que je ne l'eusse pas encouragé à accepter la présidence du

Sénat. Si cela arrivait, le maréchal ne resterait pas un instant et se démettrait. Et Thiers mérite bien cette satisfaction.

Le passage est à la vérité un peu brumeux, niais il projette pourtant quelque chose comme l'« obscure clarté » de Corneille. Ces mots ne signifient rien, ou ils veulent dire que Thiers tenait à n'aller de l'avant qu'avec l'assentiment de l'ambassadeur d'Allemagne. Il savait que tout ce qui était républicain était de nature à faire plaisir à Bismarck. Après les élections du 20 février, Thiers se présente chez Hohenlohe et lui dit avec un mauvais rire : « Eh bien ! nous voilà en pleine *révolution.* » La mort le guettait, mais il songeait toujours à reprendre le pouvoir et, dans cette vue, il travaillait à s'assurer la sympathie de Bismarck.

Chose à remarquer, bien que Hohenlohe enregistre le fait sans lui consacrer de grands commentaires, c'est Thiers qui lui a présenté son propre ennemi de la veille, Gambetta. Thiers préludait ainsi d'une façon singulière aux négociations de Gambetta et de Bismarck, où Henckel de Donnersmarck devait lui succéder comme intermédiaire. Mais il faut citer d'après Hohenlohe cette présentation historique, en remarquant la date, qui suit de près le 16 mai :

Paris, 3 juillet 1877. — Hier, M. Thiers vint me trouver et me dit : « Voulez-vous venir avec moi aujourd'hui pour causer avec Gambetta ? Il viendra à onze heures et demie. » Naturellement, j'acceptai et nous allâmes. Gambetta était déjà là lorsque j'entrai dans le beau cabinet de M. Thiers. Nous nous saluâmes et primes place, Thiers d'un côté, moi de l'autre, Gambetta en face de nous deux. Nous parlâmes de toutes sortes de choses, de la guerre de Turquie, de l'Angleterre, etc... Puis Thiers raconta ses vieilles histoires sur Metternich, Talleyrand et Louis-Philippe. Gambetta et moi nous l'écoutions respectueusement. Je n'ai jamais vu le passé et le présent incarnés comme en ces deux hommes. Gambetta, que ces vieilles histoires ont dû médiocrement intéresser, écoutait avec l'attention d'un fils et montrait le plus vif intérêt. Je profitai d'un silence pour l'interroger sur les perspectives des élections. Il affirma que depuis 1789 il n'y avait pas eu d'élections aussi graves, que la France était résolue à abattre les ennemis de la République et y réussirait… Il dit des cléricaux qu'ils n'auraient pas d'appui en France si la haute bourgeoisie n'était responsable de leurs progrès. Il est d'avis qu'il faut détruire les congrégations et expulser les jésuites. Gambetta produit une bonne impression. Il est poli et aimable, et en même temps on reconnaît chez lui l'homme d'État énergique et résolu.

« Une politique commune de la France et de l'Allemagne contre Rome », ce sera quelques mois plus tard un des articles de l'entente secrète de Gambetta et de Bismarck. Nous avons montré que le chancelier avait un intérêt majeur à ce que la France ne prît pas la tête des pays catholiques. La responsabilité de Gambetta et de Thiers est donc ici éclatante : leur complicité avec l'ennemi, inconsciente, répétons-le, mais d'autant plus instructive, n'est pas niable. L'anticléricalisme a servi l'étranger. Telle est la vérité. Et Hohenlohe nous apprend lui-même, à la date du 16 avril 1876 de son *Journal*, que Thiers, précurseur ici encore de Gambetta, est venu lui exposer « que la communauté des intérêts dans la lutte contre l'ultramontanisme serait une garantie pour la continuation des bonnes relations entre l'Allemagne et la France ».

Hohenlohe, quant à lui, savait bien que Bismarck n'attendait qu'une chose pour aller à Canossa et faire sa paix avec les catholiques allemands : c'est que l'anticléricalisme eût allumé la guerre civile en France et l'eût affranchi des menaces de la *politique blanche*. Le prince de Hohenlohe à même tenu à rappeler qu'il avait prédit ce changement de front dès le 2 juin 1875, dans une conversation avec Blowitz.

Les élections du 16 octobre furent le triomphe de la mission du prince de Hohenlohe à Paris. La part qu'y avait prise Bismarck n'est pas douteuse. De Gastein, le 6 septembre, Hohenlohe écrit que le chancelier s'est entretenu avec lui des élections françaises et a même affirmé en termes exprès « qu'il serait nécessaire, pendant la période électorale, de paraître un peu menaçant. Mais il ne faudrait pas faire cela de Paris. On mettrait les choses en scène à Berlin. »

Il va sans dire que le résultat des élections satisfit profondément Bismarck. Le 1er janvier 1878, il adressait à Hohenlohe, en réponse à ses souhaits, des félicitations sur les événements de l'année qui venait de finir et il le louait de « son habileté et de sa loyauté à représenter les intérêts allemands ». La République dûment établie en France, c'était le succès définitif de sa politique, la fin des menaces du dehors et des intrigues du dedans. Une seule pensée attristait le triomphe du prince de Bismarck : Thiers n'était plus là pour en prendre sa part. Thiers était mort le 3 septembre 1877, et Hohenlohe, qui se trouvait à Gastein lorsque parvint cette nouvelle, raconte que « Bismarck regretta sa fin et nous invita à boire en silence à sa mémoire ». Les Allemands boivent un *stilles Glas*, un « verre silencieux », comme on dit une messe basse. Telle fut l'oraison funèbre du libérateur du territoire à Gastein

D'ailleurs, le chagrin de Bismarck fut court. Il savait que Gambetta remplacerait Thiers avec bénéfice. Il avait souvent répété à Hohenlohe qu'il ne fallait pas redouter Gambetta, qu'il ne fallait pas l'empêcher d'arriver au pouvoir. Et, en effet, trois mois plus tard, Henckel de Donnersmarck allait mettre en rapports le tribun et le chancelier.

IV
La fin d'une carrière

Les élections républicaines de 1877 furent à là fois la victoire de Gambetta et celle de Bismarck. Avec elles finirent les inquiétudes du chancelier. Le *Journal* du prince de Hohenlohe en témoigne : à partir du 24 octobre, on le voit s'absenter plus souvent de Paris, suivre de moins près les choses françaises. Tantôt il siège au congrès de Berlin, tantôt il fait un intérim au ministère des Affaires étrangères. Et l'attitude de l'ambassadeur d'Allemagne reflétait exactement celle de son chef. La France dotée de la République cessait d'être un danger pour la politique de Bismarck. Notre ennemi n'avait plus à craindre ni la revanche militaire ni la revanche diplomatique. Il n'avait plus à redouter que la France prît la direction d'un mouvement infiniment dangereux pour lui. Avec le triomphe de la démocratie en France, tombait l'espoir des réparations attendues par l'Europe conservatrice et catholique. On peut dire, et l'événement le prouve, que les élections de 1877 achevèrent en France et hors de France ce que Sadowa et Sedan avaient commencé.

Bismarck avait désormais les mains libres sur le continent. La France était pour longtemps occupée ailleurs que sur ses frontières et à autre chose qu'à ses intérêts. Elle était divisée par la guerre religieuse qui commença chez nous, exactement comme Hohenlohe, nous l'avons vu, l'avait prédit, au moment où Bismarck la terminait dans son pays et faisait la pacification avec autant de profit qu'il avait fait le Kulturkampf, puisque les catholiques allemands, privés de tout appui extérieur,

73

ne pouvaient plus trouver de garantie et de sécurité que dans leur loyalisme à l'Empire. Et les *Mémoires* du prince de Hohenlohe nous montrent ce diptyque édifiant : l'ambassadeur d'Allemagne approuve et encourage l'anticléricalisme à Paris, tandis qu'en secret il négocie avec le nonce, Mᵍʳ Gzacki, au sujet des affaires allemandes, et emploie à la réconciliation son frère le cardinal, qui déploie autant d'activité à préparer Canossa qu'il en avait mis quelques années plus tôt à fomenter le mouvement d'opposition à l'Infaillibilité et la division de la catholicité germanique au profit de la Prusse. D'ailleurs, pendant quelques années, tout va de nouveau réussir à Bisrmarck. La question d'Orient partage, les puissances, et l'Allemagne sera l'arbitre du congrès de Berlin. Bismarck va faire peser sur la Russie les effets de, son machiavélisme. Il put se vanter non seulement d'avoir paré le danger slave en le détournant de son voisinage, mais encore d'avoir joué, en même temps que le tsar, l'Europe entière. Car les causes de conflits et de divisions s'engendrant les unes par les autres allaient sortir de ce congrès. La France l'éprouva quand elle fut aux prises avec l'Angleterre en Egypte (laissée en dehors du remaniement de l'Empire turc), puis avec l'Italie au sujet de la Tunisie que Bismarck, bon prince, accordait à la France pour reconnaître les services rendus et récompenser son adhésion aux décisions du congrès.

On s'explique donc la sollicitude avec laquelle, dans cette période nouvelle de son ambassade, le prince de Hohenlohe veilla sur les premiers pas de la République vraiment républicaine, de la République de Gambetta, des opportunistes et des radicaux. Il accomplit à la lettre le mot de Bismarck révélé par sa correspondance avec Henckel : « Le pouvoir de Gambetta m'est trop utile pour que je fasse rien qui puisse l'ébranler. » Hohenlohe a pour ce gouvernement des inquiétudes, des tendresses maternelles. Lorsque Grévy et Gambetta entrent en conflit, il se montre très préoccupé (11 mars 1881). Quand les socialistes s'agitent, quand les anarchistes effrayent la population, il craint toujours que la République n'en souffre, et il accuse la Compagnie de Jésus de soulever le spectre rouge au profit de la réaction. En août 1881, il est très inquiet de l'élection de Gambetta et montre de la mauvaise humeur à l'égard des intransigeants de Belleville. Un seul gouvernement serait capable de plaire à Hohenlohe autant que le républicain : c'est le bonapartiste. Bismarck lui a encore redit à Berlin, le 25 mai 1879 : « Cela m'amuserait beaucoup que le prince Napoléon prît le pouvoir. Si j'étais Français, je n'en voudrais à aucun prix. Mais, en tant que voisin, il me conviendrait tout à fait. » Peu de temps après, Gambetta ayant affirmé à Hohenlohe que la cause des bonapartistes était irrémédiablement perdue, Hohenlohe ajoute : « C'est une opinion que je ne partage pas. » Le point de vue allemand était donc resté invariable depuis 1870 : Empire, République, font également les affaires de la Prusse. Quant à la troisième solution, la solution monarchique, elle continue d'exciter la même défiance. En juillet 1883, lorsque se répand le bruit que le comte de Chambord est gravement malade, Blowitz, ce singulier journaliste qui durant trente ans se mêla avec une scandaleuse effronterie des affaires de France, vient prendre sur l'événement l'avis de l'ambassadeur d'Allemagne. Voici comment Hohenlohe rapporte l'entretien :

Blowitz est venu me voir pour me parler de la nouvelle de la maladie du comte de Chambord. Il veut écrire un article et, semble-t-il, faire de la propagande pour la famille d'Orléans. Il m'a demandé si nous voyions un plus grand danger pour la paix avec les Orléans qu'avec la République. Je répondis nettement par l'affirmative. Cela a été désagréable à Blowitz, qui a envie de faire une campagne pour les Orléans. Mais il s'est résigné et m'a dit que, du point de vue allemand, nous pourrions, bien avoir raison.

Ainsi le courtier juif entrait avec aisance et rapidité dans la pensée maîtresse de Bismarck. Comme M. de Gontaut-Biron, de son observatoire de Berlin, l'avait fait déjà remarquer à Thiers, le point de vue de Bismarck devait suffire à engager les Français à se tenir au point de vue contraire. C'est ce que Blowitz, en habitué de la contre-partie, avait immédiatement compris. Cet entretien témoigne d'ailleurs d'un fait encore. Blowitz retardait quand il croyait que le comte de Paris était « autre chose » que le comte de Chambord. La réponse dû prince de Hohenlohe paraît l'avoir illuminé.

Nous ne terminerons pas cette analyse des notices écrites par le prince durant les dernières années de son séjour à Paris sans en consigner ici quelques-unes qui ne sont plus tout à fait révélatrices, mais qui apportent un surcroît de confirmation à des choses que l'on savait déjà. On connaît, depuis 1901, l'histoire des relations de Gambetta et de Bismarck par l'entremise de Henckel de Donnersmarck, telle que la racontent les pièces authentiques des publications posthumes du chancelier. On se souvient des lettres échangées et dont les termes sont accablants pour Gambetta et pour la politique républicaine. On se souvient aussi de l'entrevue qui avait été concertée et de l'hésitation de la dernière heure qui empêcha Gambetta de s'y rendre. Ce n'est pas le patriotisme, d'ailleurs, mais la peur de se compromettre qui expliquait cette hésitation. Or c'est bien ce que font comprendre les *Mémoires* de Hohenlohe qui, se trouvant à Varzin en octobre 1881, recueillit ces propos de la bouche de Bismarck :

Le soir, après le thé, on a parlé de diverses choses d'autrefois, de Darmstadt, de Francfort, etc.. Tout à coup, le chancelier s'est écrié : « Ah çà ! où Gambetta est-il donc resté ? je l'attends toujours. » Il nous dit alors qu'il l'aurait vu très volontiers, et que c'est son devoir de recevoir des hommes d'État étrangers. Gambetta était sans aucun doute appelé à jouer un grand rôle dans son pays ; Bismarck aurait tenu à s'entretenir avec lui. Le bruit que l'entretien avait eu lieu a d'ailleurs été répandu, et le chancelier expliqua qu'il n'était pas possible de donner au démenti une forme qui ne blessât pas Gambetta. Ensuite il raconta les différentes tentatives qui ont été faites pour le rapprocher de Gambetta.

Le 1er novembre, Hohenlohe revient sur la même question :

Vu Blowitz aujourd'hui. Après quelques mots d'entrée en matière, il a abordé le sujet qui l'avait conduit chez moi.. Il m'a dit : « Gambetta n'est pas allé à Varzin ? » en prenant un air fin comme s'il voulait dire : Je sais qu'il y est allé. Je répondis : « Non, il n'y est pas allé. » Et comme Blowitz me regardait avec surprise, j'ajoutai : « Le prince aurait reçu Gambetta avec plaisir s'il était venu à Varzin. Mais il n'y est pas venu. » Là-dessus Blowitz : « Mais alors son voyage était une sottise ! Comment, il s'expose à être insulté en Allemagne, etc... » Blowitz donne deux ans à Gambetta. Après quoi il sera usé.

Tel n'était pas l'avis de Bismarck qui, à Varzin, avait recommandé à Hohenlohe de faire bonne figure à Gambetta et de ne pas aller s'imaginer, comme quelques naïfs de Berlin, que le nom du tribun était synonyme de revanche. Aussi, lorsque fut formé le « grand ministère » et que M. de Saint-Vallier (le successeur à Berlin du vicomte de Gontaut-Biron) vint, un peu inquiet, demander à Hohenlohe ce qu'en pensait le chancelier, l'ambassadeur d'Allemagne lui répondit que « le gouvernement allemand continuerait les bonnes relations existantes avec le ministère Gambetta, qui apparaissait comme une inéluctable nécessité pour la France ». M. de Saint-Vallier, qui ne semblait pas rassuré sur les intentions de Bismarck à l'égard de Gambetta, paraît avoir été moins clairvoyant que son prédécesseur qui avait si bien lu dans le jeu du chancelier et si bien su entraver sa politique. Cette naïveté fut d'ailleurs une bonne note pour M. de Saint-Vallier et servit à accroître encore la faveur dont il jouissait à Berlin. Aussi quand, peu de temps après, il donna sa démission, Bismarck essaya-t-il de le garder. Et certes la nouvelle couche des hommes d'Etat français n'était pas redoutable pour l'Allemagne. Elle se distinguait surtout par son ignorance des points faibles de l'adversaire. Le 4 décembre 1881, Hohenlohe rapporte cet entretien qu'il a eu avec Gambetta après un dîner officiel au quai d'Orsay, où on lui a présenté le nouveau ministre de l'Intérieur, « un jeune homme de bonne mine et d'agréable conversation », qui n'était autre que Waldeck-Rousseau. « Gambetta, écrit l'ambassadeur d'Allemagne, me dit qu'il ne comprenait pas l'opposition que l'on faisait à Bismarck dans sa politique financière, qui doit pourtant consolider l'unité de l'empire. Je lui dis que l'opposition, celle des progressistes comme celle du Centre, était composée d'ennemis de l'unité, de fédéralistes. *Cela était nouveau, pour lui.* » Hohenlohe pouvait d'ailleurs sans danger enseigner son métier au nouveau ministre des Affaires étrangères. Moins par incapacité que par situation, celui-ci n'était pas en état de tirer parti des notions nouvelles qu'il recevait sur les difficultés qu'avait rencontrées Bismarck, au cœur même de l'Allemagne, dans son œuvre unitaire.

D'ailleurs l'opinion de Bismarck à ce moment était faite. Sa sécurité en face de la France républicaine était absolue. Il l'avait affirmé six semaines plus tôt devant Hohenlohe en cinq phrases d'une concision frappante et qui, on va le voir, sont encore d'actualité :

> Le chancelier m'exposa, comme il l'avait déjà fait en plusieurs circonstances, que nous devions souhaiter que la France réussît en Afrique. Nous devions nous réjouir que la France trouvât satisfaction ailleurs que sur le Rhin. Nos relations avec la France pourraient rester pacifiques et même amicales : tant que la France n'aurait pas d'alliés, elle ne serait pas dangereuse. Et si ces alliés étaient les Anglais, nous la battrions quand même.

Sur ces instructions et ces observations, la fin de l'ambassade du prince de Hohenlohe à Paris s'écoula dans le calme. À peine fut-elle troublée par les élections de 1885 et le vigoureux mouvement conservateur que détermina l'activité du comte de Paris. Hohenlohe n'en attendit d'ailleurs pas l'issue. En juillet 1885, il était nommé statthalter d'Alsace-Lorraine. C'en était fini, à partir de ce jour-là, de ses relations avec les démocrates et le monde républicain français. Le prince se réveillait en lui. Il raillait déjà à Paris avec beaucoup de dureté le petit peuple qui célèbre le 14 juillet, la prise de la Bastille et les immortels principes. Il ne fréquentait les Gambetta, les Grévy, que pour les besoins de la cause. En Espagne, représentant de l'empereur aux obsèques d'Alphonse XII, il ne verra pas le républicain Castelar, car « il va de soi » qu'on ne se commet pas avec ces gens-là. Le prince de Hohehlohe apparut donc avec une physionomie nouvelle d'autocrate et d'aristocrate dans son gouvernement d'Alsace-Lorraine. C'était un poste magnifique, un des plus enviés de l'Empire. Hohenlohe, dans son *Journal*, en énumère avec complaisance les avantages : deux cent quinze mille marcs de traitement ; une vaste résidence « éclairée et chauffée », avec un jardinier et un portier aux frais du Trésor. Il ne manquait que « de l'argenterie, du linge et de la vaisselle » pour que sa satisfaction fût sans mélange. Ce n'en était pas moins une compensation agréable et bien due à un prince médiatisé. Le gouvernement de Strasbourg fut accepté comme un pur dédommagement par le descendant des princes souverains et immédiats de Hohenlohe-Schillingsfürst. L'Alsace-Lorraine paya pour la dépossession de 1806 et pour les suites d'Austerlitz. Hohenlohe, à peu près rétabli dans sa dignité, se plut dès lors à jouer au souverain. Il notait le soir sur ses tablettes, avec un scepticisme élégant, que « le métier de roi est un fichu métier ». Et il écrivait cela en français, à la façon de Frédéric II. On n'est pas plus ancien régime.

Il fut potentat et même despote. Il fit regretter Manteuffel aux Alsaciens-Lorrains. Ce « libéral » de Bavière fut, sur la Terre d'Empire, l'auteur de toutes les mesures de répression et de tyrannie. Nos compatriotes annexés continuaient de payer ainsi, comme les Bavarois l'avaient déjà fait, pour la médiatisation, jamais oubliée, des princes de Hohenlohe. Mais, après les Bavarois et les Alsaciens-Lorrains, Bismarck, le roi de Prusse et l'Empire même devaient payer leur tribut à cette vengeance. Chancelier de l'Empire, le prince de Hohenlohe allait remplir correctement sa tâche. C'était, par ambition et par goût des grandes charges, un fonctionnaire modèle. Mais, après sa mort, il a repris son indépendance. Et ses indiscrétions ont brouillé les cours et les chancelleries. Elles ont été le point de départ d'une agitation antimonarchique, d'une renaissance du particularisme, d'un réveil de l'esprit féodal, qui ont tourmenté Guillaume II. Le prince de Hohenlohe fut de l'espèce des serviteurs trop intelligents pour n'être pas dangereux. Et c'est le roi de Bavière qui avait raison quand il refusait, il y a soixante-cinq ans, de le prendre pour ministre, pour la raison qu'il est toujours prudent de se méfier d'un médiatisé. Seul Bismarck, qui construisait un ordre nouveau avec des hommes d'ancien régime et des idées de révolution, avait été assez fort pour utiliser ce grand seigneur rebelle, en qui reparaissait toute l'anarchie dont était mort le Saint-Empire.

Les souvenirs de M. de Gontaut-Biron et sa mission à Berlin

Par une singulière rencontre, au moment même où la République faisait une faillite universelle aux principes d'ordre et d'intérêt national, de toutes parts des documents voyaient le jour qui attestaient l'impureté de ses origines et accusaient la complicité dont l'avait favorisé l'étranger. Quelques mois après la *Correspondance* de Bismarck et avant les *Mémoires* du prince de Hohenlohe, les *Souvenirs* de M. de Gontaut-Biron venaient à la connaissance du public, comme si un intelligent hasard eût tenu à appuyer les uns par les autres l'authenticité de ces témoignages concordants. Toutes ces confidences posthumes forment un concert qui prononce l'indignité et proclame la trahison du régime républicain.

Le vicomte de Gontaut-Biron fut notre premier ambassadeur en Prusse après la guerre de 1870 et le resta jusqu'en 1877. On connaît l'importance et les difficultés de la mission de M. de Gontaut. On sait que le duc de Broglie l'avait déjà racontée dans un livre écrit avec cette froideur et ce soin qui caractérisent toute son œuvre, mais dont la justesse et l'exactitude peuvent être mesurées à présent. Le duc de Broglie avait eu entre les mains, pour composer son étude, les notes laissées par M. de Gontaut-Biron. Connut-il toutes celles que voilà publiées aujourd'hui ? On en peut douter lorsqu'on le voit se contenter de poser en thèse générale, par exemple à propos de M. Thiers, des choses qui sont énergiquement affirmées dans les papiers de M. de Gontaut. Mais il y avait chez, le duc de Broglie un pli de l'esprit qui l'empêchait de tirer, tout le parti que comportent des révélations de cette gravité. Qu'est-ce que l'histoire, sinon une grande école et un répertoire d'expériences ? Elle était malheureusement autre chose pour le duc de Broglie. Ce grand seigneur la traitait avec des timidités de professeur. Il se croyait tenu, même pour les événements auxquels il avait pris part, à une doctorale impassibilité. Plaider, récriminer, prouver, lui eussent paru également indignes de l'historien. Il semble que cet homme, qui eut de grandes parties, ait été, comme écrivain, aussi paralysé par les préjugés universitaires qu'il le fut, comme politique, par les préjugés libéraux. Et puis, lorsqu'il écrivait cet ouvrage, il s'était retiré du monde ; il se complaisait dans la pensée que son nom était synonyme d'un grand échec ; il ne lui agréait pas d'imaginer que l'on pût reprendre après lui l'œuvre où il ne lui avait pas été donné de réussir. « Maintenant que les passions sont éteintes… » : c'était une tournure de phrase familière à M. de Broglie dans les derniers temps de sa vie. Hélas ! Il n'y avait que les siennes qui le fussent.

Il a paru convenable au duc de Broglie de couvrir d'un pardon magnifique les injures que ses adversaires avaient faites non seulement à lui-même, mais encore à sa cause et à son pays. C'est pourquoi son récit de la mission de M. de Gontaut-Biron ne contient guère que d'académiques allusions à l'entente naturelle qui régnait entre Bismarck et les chefs républicains. Une fois, une seule, le duc de Broglie s'échauffe. L'homme et le Français triomphent de l'historien. C'est à l'endroit où il rappelle que Bismarck en personne prétendit s'opposer à l'accession de Henri V au trône. « Je ne me sentis jamais si royaliste que le jour où je vis clairement qu'un Allemand voulait m'empêcher de « l'être », écrit-il.

Telle doit être la leçon qui se dégage de ces événements et que confirment encore les souvenirs laissés par M. de Gontaut. Mais elle ne servirait à rien si elle ne devait être que la justification et l'apologie de M. de Broglie. Il faudrait qu'elle contribuât à l'éducation politique de tous les Français. Si l'histoire, et surtout l'histoire des temps modernes, n'est rendue bonne à cela, elle n'est que distraction et curiosité vaine. La sérénité d'un duc de Broglie finirait par ne pas se distinguer beaucoup du dilettantisme que ce doctrinaire à tant détesté. C'est pourquoi il ne nous paraît pas possible d'examiner comme du haut d'une chaire les souvenirs de M. de Gontaut : ils sont d'un intérêt trop vital et trop puissant.

La mission du premier ambassadeur que nous ayons eu à Berlin après le traité de Francfort compta autant pour l'Allemagne que pour nous. On se rappelle le soupir de soulagement que poussa Bismarck lorsque la République se priva des services de cet excellent Français : « Le rappel de Gontaut-Biron m'a causé une satisfaction extraordinaire » ne manqua-t-il pas de faire savoir à Gambetta. Et, en effet, ayant accepté la plus ingrate et la plus pénible des ambassades par dévouement au bien public, M. de Gontaut-Biron avait, à tous les points de vue, dignement et utilement représenté la France à Berlin. Grâce à lui, l'évacuation du territoire par les troupes allemandes s'était faite plus rapidement. Grâce à lui et à la manière dont il sut se faire entendre à la cour de Prusse, le parti militaire, qui représentait comme « armements » et préparations à la revanche toute reconstitution de nos armées, de nos arsenaux, de nos finances même, fut tenu en respect. M. de Gontaut-Biron avait gagné l'estime et la confiance de l'empereur Guillaume et de l'impératrice. Les services qu'il put rendre au pays sont considérables. Ses

Souvenirs, rédigés d'ailleurs sans aucune forfanterie, en donnent une juste idée.

Mais la partie la plus intéressante de ces mémoires est assurément celle où le vicomte de Gontaut-Biron montre comment et dans quel esprit la politique intérieure de la France était suivie à Berlin. Il entra en relations d'affaires avec Bismarck au temps où se décidait l'avenir de la France, où République et Monarchie étaient deux possibilités égales. En dépit de son habileté et de ses ruses diplomatiques, Bismarck ne réussit pas à dissimuler à notre ambassadeur de quel côté allaient ses préférences. Il ne put même, précisément peut-être à cause de l'affirmation trop répétée de sa neutralité et de son indifférence, lui cacher son véritable jeu. Tout ce qui nous a été révélé depuis par les témoignages authentiques et écrits de Bismarck lui-même, M. de Gontaut-Biron l'avait déjà compris et distingué. Ses mémoires apportent ainsi un supplément de preuves à l'histoire des origines allemandes de la troisième République.

M. de Gontaut-Biron était légitimiste. Et c'est un peu pour cette raison que M. Thiers l'avait choisi. Il fallait à la cour de Berlin un grand seigneur. Il fallait que ce grand seigneur n'eût pas la moindre tare révolutionnaire pour être bien accueilli de Guillaume Ier. Thiers avait compris cela. Et c'est pourquoi il avait chargé de ce poste difficile M. de Gontaut-Biron,

Celui-ci ne tarda guère à se rendre compte de la complexité des avis, des opinions et des tendances qu'on montrait au sujet de nos affaires dans le gouvernement de Berlin. Comme état d'esprit, rien n'est plus instructif ni plus curieux.

D'une part, Guillaume Ier était profondément conservateur. Son nouveau titre d'empereur avait même à ses yeux quelque chose de révolutionnaire qui lui déplaisait. Par goût et par habitude, plutôt peut-être que par principe, c'était un souverain de la Sainte-Alliance, partisan de la légitimité universelle. Mais ce point de vue restait pour lui à la fois sentimental et théorique. Il se contentait de regarder les révolutionnaires et les républicains comme des hommes avec lesquels il ne concevait pas qu'aucune espèce de fréquentation fût possible. Et c'est pourquoi Thiers avait bien vu qu'il fallait lui dépêcher un Gontaut-Biron. Quant au reste, le vieux roi de Prusse avait au cœur cette haine, cette crainte, cette jalousie des Bourbons, qui sont traditionnelles dans la maison de Brandebourg. Haine, crainte et jalousie bien fondées, car la maison de France était seule capable d'arrêter les ambitions et les progrès de la maison rivale. Guillaume n'était pas le premier roi de Prusse qui fût partagé entre ce sentiment de basse envie et l'idée de la solidarité des trônes. N'était-ce pas déjà la même hésitation entre deux systèmes qui avait déterminé la retraite de Brunswick sitôt après l'invasion ? N'est-ce pas de ce même partage que venaient les flottements de Frédéric-Guillaume II, formant des vœux pour le succès de la Révolution après avoir envoyé une armée contre elle ? Et la jalousie des Hohenzollern ne s'atteste-t-elle pas dans l'imitation constante que fit leur politique de la politique des Capétiens ? Ainsi l'on peut être assuré qu'en dépit de ses répugnances à l'égard du régime républicain comme en dépit de ses traditions légitimistes, l'empereur Guillaume n'eût rien fait pour la restauration monarchique en France, quand même la volonté de son chancelier n'eût pas été vigilante et formelle sur ce point.

D'ailleurs, l'état d'esprit de Bismarck n'était peut-être pas moins compliqué que celui de son maître, mais il avait l'avantage d'être singulièrement conscient. Éclairé par l'idée de l'intérêt national, Bismarck avait peu de chances de se tromper. Lui non plus n'était pas ami des révolutionnaires.

Lui non plus n'était pas sans méfiance au sujet de nos républicains. C'est qu'il avait plusieurs raisons d'être prudent. D'abord il se souvenait du mouvement de 1848 et de la traînée de poudre partie de Paris pour soulever l'Europe. Il était encore incertain, à cette date, que l'exemple d'une République en France dût être mauvais en entraînant l'opinion et en exposant les États à la contagion rouge, ou qu'il dût être salutaire en servant d'épouvantail et de monstre capable de dégoûter pour longtemps les peuples du régime républicain. Bismarck, occupé à la construction d'une Allemagne nouvelle, redoutait tout élément d'agitation et de trouble. Le socialisme baissant, la puissante organisation de l'*Internationale* trouvant un point d'appui et des moyens de propagande dans une France démocratique, c'était, pour l'Empire à peine constitué, un danger dont l'éventualité valait d'être prise en considération. Le fait est que Bismarck réfléchit plusieurs mois avant d'adopter une attitude, dont il ne devait plus varier par la suite, au sujet de la question constitutionnelle en France.

D'ailleurs, il ne faut pas oublier qu'au lendemain de la guerre nous étions les débiteurs de l'Allemagne. Les cinq milliards n'étaient pas payés. Bismarck ne tenait pas à voir gaspiller et compromettre son gage. Il était, dans une certaine mesure, intéressé à une bonne gestion du patrimoine français. Si l'on joint à cette circonstance que les radicaux, les amis de Gambetta, gardaient encore leur réputation de parti de la guerre à outrance, et même jouaient de l'idée de revanche, — cette « guitare », — et ne reculaient pas devant une surenchère de patriotisme pour gagner les masses électorales, on comprendra la sage méfiance que garda longtemps Bismarck à l'endroit de nos républicains avancés.

Le système auquel, avec une simplicité élégante et une éloquente sagesse, il donna finalement sa préférence, le système qui mettait d'accord ses intérêts, ses désirs et ses craintes, c'était, par une rencontre merveilleuse, le système qui florissait alors en France : celui de la République conservatrice. Bismarck cachait mal à M. de Gontaut-Biron qu'il s'accordait particulièrement bien de ce régime, et que la République des honnêtes gens faisait surtout ses affaires de la Prusse. En effets une administration sérieuse et probe assurait temporairement la prospérité de la France, et par conséquent garantissait à la Prusse le paiement des milliards de l'indemnité. Quant à l'avenir, Bismarck n'était pas moins tranquille. De la République conservatrice, il n'avait pas à redouter ce qu'il craignait d'une « monarchie en règle », à savoir, selon son expression, « qu'elle rendît, la France plus forte ». En politique expérimenté, il jugeait que cette combinaison ne durerait pas, que la République conservatrice, selon un mot célèbre, était une sottise, que la destinée de la République était de tomber aux mains des républicains avancés, qui sont les vrais, les seuls républicains, et que les conservateurs resteraient au pouvoir tout juste le temps de régler les affaires ingrates. Le suffrage de Bismarck allait à la *République dissolvante*. Bismarck était pour M. Thiers. Il s'intéressait avec vivacité aux succès de M. Thiers.. Tout ce qui atteignait M. Thiers atteignait Bismarck lui-même. Le vicomte de Gontaut-Biron rapporte qu'il vit des figures longues, contrariées et irritées à Berlin, le jour où parvint la nouvelle de la démission du 24 mai, après l'offensive des monarchistes à l'Assemblée nationale. Son *Journal* analyse en ces termes la manière dont Bismarck envisagea cet événement

Le procès du comte d'Arnim, écrit M. de Gontaut, n'a laissé aucun doute sur les intentions et la politique du prince de Bismarck. Elles ont été développées tout au long dans ses dépêches à l'ambassadeur. Il morigénait brutalement celui-ci de ses tendances monarchiques par rapport à la France, et sa volonté était de tout faire pour maintenir dans le pays le régime républicain comme étant propre à entretenir les divisions dans son sein et à l'empêcher de se relever. *Or M. Thiers était l'homme qui lui convenait pour accomplir ses desseins.* Si le prince de Bismarck désirait, en effet, le maintien de la République, il lui aurait déplu, quoi qu'il en ait dit, de la voir tomber dans le radicalisme ; les entreprises et les agitations révolutionnaires lui eussent, créé des embarras et eussent réveillé dans son pays même certaines sympathies de nature à entraver son œuvre, peut-être même à encourager certains mouvements de la part des socialistes déjà fort nombreux en Allemagne. Il préférait donc de beaucoup la République conservatrice, *c'est-à-dire un état de choses d'apparence fort convenable, mais dissolvant de sa nature,* conduisant, selon lui, au résultat cherché, qui était d'affaiblir la France immanquablement, quoique insensiblement, sans crise violente et sans ces effervescences qui traversent la frontière…

Le prince de Bismarck, bien qu'il ne pût concevoir aucune inquiétude sur le maintien de la paix ou sur la fidélité à nos engagements, fut donc très irrité de voir passer le pouvoir en France des mains de M. Thiers dans celles des conservateurs, et nous ne tardâmes pas à en recueillir des preuves nombreuses. Mes amis n'avaient pas l'intuition exacte des conséquences de leur victoire sous ce rapport. Pour dire toute la vérité, moi-même je ne les prévoyais pas au degré où elles se manifestèrent.

Il n'est que juste d'ajouter que M. de Gontaut-Biron n'avait pas manqué, avant le 24 mai, d'avertir loyalement M. Thiers et M. de Rémusat qu'il désapprouvait leur violation du pacte de Bordeaux, leur politique d'évolution vers la gauche, et que la raison principale de sa désapprobation était — à part même ses convictions monarchiques — la faveur avec laquelle cette politique était considérée à Berlin, Une pareille considération, disait-il, devrait être « un motif déterminant de substituer un autre régime à la République, même conservatrice ». Soyons heureux de pouvoir nous mettre ici sous le patronage de M. de Gontaut-Biron. Beaucoup de personnes pourraient être choquées de voir l'illustre Thiers traité en complice de Bismarck. Il ne s'agit pas de nier le patriotisme de Thiers, pas plus que nous n'avons nié le patriotisme de Gambetta. Thiers reste et restera le « libérateur du territoire » et Surtout la Cassandre de l'Empire, le prophète clairvoyant de nos désastres. Mais c'est justement la pire des condamnations pour sa politique de 1872 que Bismarck l'ait regardée comme complémentaire de la sienne, et qu'il ait considéré que la République de Thiers favorisait la sécurité, les intérêts et les ambitions de la Prusse. Nulle intention, nul bon sentiment ne prévalent contre cela.

En prenant possession à la fois de la présidence du Conseil et du ministère des Affaires étrangères, le duc de Broglie savait bien qu'il allait se heurter à l'hostilité de Bismarck. Dès le 27 mai, il écrivait à M. de Gontaut-Biron :

Au vrai, de quel œil voit-on (à Berlin) une réaction conservatrice en France ? Lequel l'emporte de ces deux sentiments : celui de la solidarité de tous les gouvernements également menacés par l'esprit révolutionnaire, ou bien la crainte que cet heureux événement, en arrachant la France à une anarchie prochaine et certaine, ne lui rende trop de chances de se relever ? Dans la bienveillance qu'on témoignait à M. Thiers, ne se mêlait-il pas quelque calcul machiavélique ? Ne pensait-on pas, sans le dire, peut-être sans se l'avouer à soi-même, que le pouvoir d'un vieillard dominé par de mauvais conseillers ne donnait à la France qu'un repos matériel de quelques jours, nécessaire pour le paiement de notre dette, mais qui serait suivi de nouveaux désastres dont on se réservait de profiter ? En un mot, verra-t-on sans déplaisir la France arrachée à la certitude de sa ruine ?

À ces questions de M. de Broglie, M. de Gontaut-Biron répondit avec une sûreté de jugement que tous les événements ont confirmée et que ne pourra manquer d'admirer l'histoire : « On a vu avec plaisir en Allemagne », écrivait-il au ministre :

l'arrêt mis aux progrès du radicalisme par l'avènement du nouveau gouvernement ; mais on veut que la convalescence de la France se prolonge bien longtemps ; on ne désire pas son rétablissement. C'est le sentiment en particulier du prince de Bismarck et son esprit hardi en même temps qu'ingénieux ne négligera pas les occasions de nous empêcher de nous relever.

Il va sans dire que M. de Gontaut-Biron était la dernière personne à qui Bismarck eût songé à s'ouvrir de ses opinions sur les affaires de France. Mis en éveil par son patriotisme autant que par les avis de M. de Broglie, bien placé, grâce à la faveur qu'il avait acquise à la cour, pour voir, pour entendre et pour comprendre, notre ambassadeur réussit à percer les intentions du chancelier. Celui-ci fut profondément irrité de se sentir deviné. Il fallait désormais qu'il dissimulât non seulement sa politique et ses manœuvres, mais même ses goûts et ses préférences. M. de Gontaut, qui lui avait toujours été importun, lui devint dès lors insupportable. Le ressentiment de Bismarck s'accrut encore, un peu plus tard, lorsqu'il s'aperçut de l'influence que M. de Gontaut prenait sur les souverains allemands, influence dont les *Mémoires* de Hohenlohe révèlent toute l'étendue. Ainsi l'on comprend que le chancelier ait poussé ce soupir de soulagement historique que nous rappelions tout à l'heure lorsque, grâce à Gambetta, M. de Saint-Vallier remplaça M. de Gontaut-Biron. C'est la gloire du premier ambassadeur de France à Berlin après la guerre de 1870 d'avoir mérité la haine de Bismarck.

Quelque temps après les événements de 1873, rassuré du côté du comte de Chambord, le chancelier s'abandonna à faire une demi-confidence, que M. de Gontaut-Biron accueillit d'ailleurs avec là méfiance qu'elle méritait, et qu'il interpréta avec lucidité. Ses *Souvenirs* rapportent l'incident en des termes que leur modération voulue rend encore plus convaincants :

Deux mois après l'échec de la Monarchie, le prince de Bismarck m'avouait franchement qu'il ne le regrettait pas. — « Si nous n'étions pas très sympathiques à l'avènement de M. le comte de Chambord, me dit-il, c'est que nous redoutions l'empire que prendrait sur lui le parti clérical. » Et il se crut obligé d'ajouter : « Et cependant il serait impossible de nous reprocher d'avoir fait la moindre chose contre lui. » Parole qui devait me rendre rêveur. Je ne sais pas si, dans cette circonstance, le prince de Bismarck a essayé de faire quelque chose contre le retour de M. le comte de Chambord ; ce qui ne fait pas l'ombre d'un doute, c'est la persistance de son hostilité contre la Monarchie en France, et ce qui en fait très peu, c'est sa participation aux intrigues de l'opposition contre le gouvernement, conservateur à l'époque du 16 mai 1887.

En face de l'hostilité déclarée de Bismarck à l'égard du comte de Chambord, son évidente sympathie pour Thiers forme un contraste frappant. Et M. de Gontaut-Biron réussit là encore à découvrir le jeu de notre grand ennemi.

L'inquiétude du duc de Broglie, en occupant le pouvoir après le 24 mai, était de savoir comment on prendrait à Berlin la victoire des conservateurs, universellement regardée comme le premier pas vers l'établissement de la Monarchie. La vérité, l'inoubliable vérité est qu'elle y fut on ne peut plus mal accueillie. Bismarck et l'empereur Guillaume regrettèrent M. Thiers. C'est pour le système, la méthode et la personne de M. Thiers qu'on s'était prononcé à Berlin. M. Thiers, en effet, répondait de l'ordre. Il n'était pas la Commune et ses convulsions. Il n'était pas Gambetta, ses agitations et son esprit de surenchère guerrière. M. Thiers était le garant que les milliards seraient payés avec exactitude sans que les troupes allemandes eussent à intervenir, — comme on put le craindre après le 18 mars 1871, — pour rétablir l'ordre et comprimer la révolution. La France était considérée comme le gage des cinq milliards ; M. Thiers comme le digne curateur de ce gage. Mais, en même temps, on savait bien que la méthode de Thiers n'était pas celle des Scharnhorst, des Hardenberg et des Stein, celle qui prépara le relèvement et les revanches de la Prusse au XIXᵉ siècle. On avait confiance à Berlin dans la République conservatrice, dans les combinaisons parlementaires de M. Thiers, pour procurer à la France une tranquillité provisoire, mais en même temps pour limiter son essor et arrêter la restauration de sa puissance. Bismarck ne désirait pas que la France fût si vite livrée aux véritables républicains, aux destructeurs et aux pillards. Tel n'était pas son intérêt immédiat. Mais il savait qu'il était dans la nature du régime conforme à ses vœux que les révolutionnaires en prissent la direction juste au moment où les milliards seraient payés, où l'unité allemande serait achevée, où lui-même n'aurait plus à craindre pour l'Allemagne renouvelée la « contagion rouge », au moment enfin où, dotée d'un gouvernement sérieux et fort, la France, avec ses ressources incomparables, eût pu aspirer à reprendre son rang et peut-être son bien.

Non seulement les vœux du chancelier étaient pour M. Thiers, mais encore il mettait à son service, il jetait dans le plateau de la balance l'autorité que lui donnait le corps d'occupation de l'Est et toutes les menaces et moyens de coercition dont dispose un créancier inquiet. M. de Gontaut-Biron saisissait cela, non point brutalement exprimé, mais indiqué clairement, pour qui savait lire et entendre, dans les communications officielles et dans les conversations privées. Le 14 décembre 1872, après un dîner de la cour, notre ambassadeur s'entretint avec Guillaume Iᵉʳ. Celui-ci le pria, « avec un mélange d'intérêt et d'inquiétude », de lui rendre compte des affaires de France. M. de Gontaut-Biron comprit et s'efforça de rassurer le souverain qui, à la fin de l'entretien, content des explications reçues, déclara : « Pour notre part, ici, nous sommes satisfaits de M. Thiers. Impossible d'exécuter ses engagements avec plus de loyauté et d'exactitude ; nous avons donc intérêt à ce qu'il reste au pouvoir. » M. de Gontaut-Biron, pendant ces mois si pénibles, fut dans l'obligation constante de fournir à la cour de Prusse des explications de cette nature. — Que signifie ceci ? lui demandait-on à chaque vote de l'Assemblée, à chaque élection un peu retentissante. Notre ambassadeur écrivait à ce sujet à Thiers lui-même : « Je ne vous dirai pas combien il est dur d'avoir à traiter si souvent de toutes les expiations de cette malheureuse guerre, à rassurer sur notre situation intérieure, à donner des espérances d'ordre et de calme à des ennemis peu généreux mais puissants et très ombrageux. » Et il put entendre Guillaume Iᵉʳ qui accordait, dans son discours du trône de 1873, un *satisfecit* à l'administration française : « L'espoir que j'exprimais ici l'année dernière de voir se développer la situation intérieure de la France dans le sens de l'apaisement et du progrès économique, n'a pas été déçu. Je fonde là-dessus l'espérance que le moment n'est plus très éloigné, où le règlement complet des questions financières permettra de procéder à l'évacuation complète du territoire français. »

M. de Gontaut-Biron ne fut pas long à comprendre le calcul qui inspirait cette politique à Berlin. Et ce qui est singulièrement à son honneur, c'est qu'il n'hésita pas à informer de sa découverte le chef du gouvernement dont il tenait sa mission et le ministre même dont il dépendait. M. de Gontaut-Biron correspondait fréquemment avec M. de Rémusat et avec M. Thiers. Avec des ménagements et des formules de politesse qui n'excluaient pas la fermeté, il leur indiquait la situation et leur traduisait l'état d'esprit que nous venons d'essayer d'exposer. Ses avertissements témoignent à la fois de sa franchise et de son intelligence. Il se reprocha même à un certain moment de n'avoir pas été assez énergique dans ses conseils. Ses *Souvenirs* sont plus affirmatifs : « J'avais souvent hésité à dire à M. Thiers et à M. de Rémusat les sentiments que j'apercevais dans les hommes de gouvernement à Berlin. C'est que j'avais peur d'être soupçonné de partialité,. Et pourtant, je le voyais aujourd'hui, si j'avais un reproche à me faire, c'était de ne l'avoir pas assez dit. La vérité était, — je l'ai mandé, — qu'on redoutait avant tout la révolution, une entente du gouvernement avec la gauche, qu'on se méfiait de la République. Je l'ai déjà constaté ailleurs, ces sentiments-là on les éprouvait alors à Berlin, et on ne s'en cachait pas, *car l'indemnité n'était pas acquittée tout entière. Plus tard, on changera de langage et de politique.* » Plus tard, en effet, comme on sait, Bismarck n'hésita pas à reconnaître dans ce Gambetta, si longtemps redouté, un allié involontaire, tel que Thiers l'avait été. La politique de Gambetta favorisera en 1877 ses intérêts et ses vues comme celle de Thiers les avait servis en 1872-1873. M. de Gontaut-Biron a très bien compris cela. Il serait trop long d'entrer dans le détail des négociations qu'il conduisit pour la « libération du territoire » et dans lesquelles il remarqua que toute la bonne volonté montrée par le cabinet de Berlin tendait à rendre plus forte la situation de M. Thiers en France et dans l'opinion. Il y a là, sans doute, un chapitre d'histoire trop peu connu. M. de Gontaut-Biron, d'un trait qui pour être léger n'en est pas moins cruel, indique la vanité avec laquelle M. Thiers s'attribua tout le mérite d'une affaire où son habileté eut la moindre part. M. de Gontaut, en toute indépendance, éclaira ici son gouvernement sur le fond des choses. Avec une rude franchise, il communiquait à M. de Rémusat ces observations qui sont capitales : « Je dois ajouter que notre situation intérieure donne plus de confiance à l'Allemagne. Le désir de consolider la situation personnelle de M. Thiers a beaucoup contribué au succès de la négociation pour la libération du territoire. »

D'ailleurs, M. de Gontaut-Biron jugeait M. Thiers en psychologue. Il en fait le portrait suivant, qui ne manque ni de justesse ni d'esprit :

Puisant probablement dans son âge déjà avancé une ardeur très vive de fonder la République avant le temps marqué par le pacte de Bordeaux, penchant vers la gauche dans la crainte de ne pas trouver de la part des conservateurs la complaisance exigée par ses vues personnelles et ambitieuses, ne tenant aucun compte des déclarations pacifiques et conciliantes de M. Dufaure, son ministre ; ni de l'adhésion que ce discours avait obtenue dans les rangs de la droite ; pour toutes ces causes M. Thiers a rebuté les conservateurs et, ceux-là s'éloignant de lui, il n'a plus trouvé que l'appui de la gauche, c'est-à-dire, à un petit nombre d'exceptions près, des républicains de vieille roche, dirigés au fond par Gambetta et pour la forme seulement par lui. Tant qu'il était resté le chef du pouvoir exécutif, il avait appuyé la barre du gouvernail de leur côté ; une fois descendu du pouvoir, il ne gardera plus aucune retenue ; il cessera même ses relations privées avec ses anciens amis conservateurs et se livrera tout à fait aux républicains, à qui il confiera le soin de sa vengeance contre ceux qui l'ont dépossédé de la direction de l'État.

Je l'ai déjà dit : absent de l'Assemblée a peu près, étranger à ses discussions, encore plus étranger à ce qui se passait dans ses coulisses, où l'on apprend bien plus la vérité sur les choses et sur les hommes que dans la salle des délibérations, insuffisamment renseigné par mes amis qui, ne voulant voir en moi, par patriotisme, que le diplomate, et non pas le député, se gardaient de distraire mon attention de la situation extérieure, influencé peut-être à Berlin plus que je ne le soupçonnais par la valeur politique qu'on y donnait à M. Thiers et par le désir très vif de voir la direction des affaires entre ses mains, je discernais beaucoup moins bien et les fautes en général et l'attitude du président que je ne l'ai fait plus tard. Cependant, dès ma première entrevue avec lui, quand il m'offrit l'ambassade de Berlin, et pendant tout le temps que j'ai collaboré avec lui et ses amis, non seulement je n'ai pas dissimulé, mais j'ai tenu à constater la différence d'opinions qui nous séparait. MM. Thiers et de Rémusat m'ont accepté ainsi. Je me suis cru le droit d'écrire plusieurs fois à tous les deux… pour leur signaler nos dissentiments, et j'ai fait beaucoup d'efforts pour les ramener vers les conservateurs.

Vieillard infatué et entêté, Thiers ne convenait pas qu'il pût jamais avoir tort. Il prétendait que sa méthode était la meilleure et qu'il avait toujours agi pour le bien du pays. Il affirmait que sa politique était la seule qui fût vraiment conservatrice et capable de barrer la route aux partis avancés. C'est ainsi que, répondant aux observations et aux avertissements de M. de Gontaut-Biron, il lui écrivait sur ce ton d'assurance, de persiflage et de contentement de soi-même :

Il y a à Paris de vieilles femmes bien connues qui écrivent à Berlin des indignités dont elles ignorent la portée et qu'on a la faiblesse de croire. Soyez convaincu (et vous savez que je vous ai toujours dit les choses telles qu'elles étaient) que M. Gambetta n'est pas plus vraisemblable que M. Ledru-Rollin, à qui personne ne pense plus : il n'y a aucune chance en ce moment que je sois remplacé par lui, fussé-je mort, ce que je ne suis pas ; qu'en tous cas, les prétendus rouges ne veulent plus se servir de leurs fusils qu'on leur a ôtés et qu'ils aiment mieux recourir à leur carte d'électeur, et, par ce moyen même, ils ne triompheraient pas. Ils auront une minorité plus ou moins forte, et ce sont les légitimistes qui feront cette minorité un peu plus forte, si elle le devient. La tranquillité est et restera profonde.

Prophéties qui devaient être tristement démenties. Ainsi le même homme qui, quelques années plus tôt, indiquait avec tant de vigueur les conséquences nécessaires des fautes de l'Empire, trouvait pour couvrir ses propres fautes les mêmes affirmations et le même « cœur léger » que les ministres de Napoléon III. La triste réplique que fait une pareille lettre à ses admirables discours du Corps législatif !

Le jugement que M. de Gontaut-Biron portait sur M. Thiers a cette sérénité que donnent l'éloignement et le contact de l'étranger, équivalent du recul des années. De Berlin, soustrait à l'esprit de polémique et de parti, uniquement occupé des intérêts français, M. de Gontaut-Biron, mis en éveil et en réaction par l'opinion de Bismarck et de Guillaume Ier, jugea M. Thiers et son système comme les jugera l'histoire, et comme la suite des événements doit les faire juger. La République conservatrice lui apparut comme une erreur, comme la « dernière faute à commettre ». De cette faute, les *Souvenirs* de M. de Gontaut-Biron précisent, pour tous les patriotes réfléchis, l'origine, la nature et l'étendue.

Il y a, dans l'histoire moderne, une situation comparable à celle où se trouva la France après la conclusion du traité de Francfort. La Prusse, au cours des années qui suivirent Iéna, offre l'exemple d'un État passé sous le protectorat du vainqueur. La Prusse battue avait de lourdes contributions de guerre à payer. Elle supportait une occupation militaire écrasante en garantie de sa dette. Mais cela même ne suffisait pas à Napoléon. Il prétendait surveiller la politique de la Prusse, lui choisir ses ministres et ses alliés, empêcher la reconstitution de son armée et de ses forces : Napoléon favorisait les Haugwitz et les Lombard, dont la pusillanimité lui assurait la soumission et dont l'opposition aux réformes militaires servait exactement ses vues. Au contraire, il poursuivait de sa haine les patriotes réformateurs. Il exigeait de Frédéric-Guillaume III le renvoi de Stein et même proscrivait de Prusse le ministre de la résistance. Autant que son œuvre, cette persécution à désigné Stein, précurseur du soulèvement national de 1813, à la reconnaissance des Allemands, tandis que la préférence que leur accorda l'ennemi de leur patrie a couvert de honte, Haugwitz et Lombard. Les historiens de l'Allemagne contemporaine ne parlent d'eux qu'avec mépris. Car l'approbation de l'étranger reste comme une tache ineffaçable sur la mémoire des hommes d'État. Elle atteste invariablement qu'ils ont mal servi leur pays. Or, cette significative faveur du conquérant, les chefs républicains l'ont trouvée en France après la guerre. Placée par la défaite dans les conditions où Napoléon avait mis la Prusse, la France revécut la même histoire. Au jugement des plus modérés, il apparaît aujourd'hui que Thiers et Gambetta y ont joué le rôle des Lombard et des Haugwitz prussiens. Mais, par contre, quelle investiture, quel crédit reçoit la Monarchie française de là haine réfléchie et tenace de notre plus grand adversaire !

Ce n'est ni par plaisir de nuire, ni par une rancune impossible contre les hommes d'une génération disparue, ni pour flatter je ne sais quelles passions des partis défunts, que nous avons fait ressortir de tant de documents et de témoignages le déshonneur qu'ils jettent sur les fondateurs de la République. Nous n'avons pas mis de système dans ces pages. Les faits y parlent tout seuls. Le peuple français a cru longtemps devoir de la reconnaissance à des hommes que leurs idées et leur politique, et non leur volonté, exposèrent à servir mieux l'étranger que leur propre patrie. Les peuples se trompent souvent sur leurs destinées et sur leur intérêt véritable. C'est une de ces erreurs-là que la France a commise en saluant dans le régime républicain un régime national. Nous savons aujourd'hui que la République est un legs du protectorat bismarckien. Nous le savons de science certaine. À le dire, à le démontrer, on n'injurie pas les hommes : on tire de l'histoire une leçon.

Le centenaire d'Iéna (Octobre 1906)

I

L'invasion Française en Allemagne

Le centenaire d'Iéna tombant si tôt après les bruits de guerre et l'alerte de Tanger, aurait dû être pour le patriotisme français une occasion de recueillement et d'étude. De l'état des ambitions et des rivalités européennes, pouvait naître un immense conflit qui se résoudrait sur ces champs de bataille, toujours ouverts aux armées, qui Bordent le Rhin. La bataille se livrerait-elle cette fois à droite ou à gauche du grand fleuve frontière ? C'était l'énigme d'un avenir que beaucoup tenaient pour prochain.

Il y avait un siècle, c'était au cœur de l'Allemagne que la Prusse avait éprouvé sa grande défaite historique, à Iéna, le 14 octobre 1806. Que de réflexions soulèvent ces grandes circonstances de politique et de guerre ! Il est agréable de songer au profond avilissement où fut plongée la Prusse par la catastrophe d'Iéna. Il est utile de chercher les méthodes et les ressources qui lui ont permis de prendre si vite une si éclatante revanche.

La Prusse, création d'une dynastie, œuvre de longue haleine, faite de la main de grands soldats et de grands diplomates, faillit disparaître dans la tourmente napoléonienne. Un demi-siècle avant que l'unité allemande fût constituée par elle et à son profit, avant qu'elle ressuscitât cet Empire germanique que l'on avait cru si bien mort, la Prusse ne comptait plus pour rien dans le monde ni dans l'Allemagne elle-même. À part quelques patriotes très conscients, très intelligents, très clairvoyants, les Allemands se désintéressaient de la Prusse, assistaient indifférents à son désastre. Excepté Stem, westphalien, Hardenberg, hanovrien, Scharnhorst et Gneisenau, saxons tous deux, et qui ne voyaient d'autre instrument du relèvement national que la dynastie des Hohenzollern, le peuple allemand, dans son ensemble, regardait comme un événement auquel il n'avait aucune part l'effondrement de l'œuvre du grand Frédéric. La Prusse était une étrangère en Allemagne. Et il y avait même des Allemands pour voir sans chagrin ses défaites. L'un d'eux, et non des moindres, n'était pas très éloigné de s'en, réjouir. C'était Gœthe lui-même qui redisait le *Suave mari magno*. « Je n'ai pas du tout à me plaindre », écrivait-il quelques mois après la bataille, à un ami d'Iéna. « Je me sens à peu près dans l'état d'esprit d'un homme qui, du haut de son rocher solide, plonge ses regards dans la mer écumante et n'est pas capable de venir au secours des naufragés. Le flot même ne l'atteint pas et, selon un poète antique, ce serait là un sentiment agréable… »

M. Henri Albert à écrit une série d'attachantes études où il montre quels furent l'attitude, les sentiments, les pensées de Gœthe et de la petite cour de Weimar pendant les événements de 1806. On y voit comment Napoléon recueillait encore les fruits de l'excellente politique de la monarchie française. Notre politique avait consisté, pendant des siècles, à diviser l'Allemagne, à émietter ses forces, à mettre ses innombrables États dans notre dépendance financière, militaire et diplomatique autant que sous notre influence intellectuelle. Culture, civilisation, étaient en Allemagne le synonyme de France. Tout ce qui était français était donc certain d'être bien accueilli. C'est encore ce qui arriva à Napoléon et à ses armées. Loin de les regarder comme des envahisseurs barbares, c'est tout juste si les Allemands ne se sentaient pas honorés de leur présence. Les documents, fragments de mémoires et de lettres qu'a réunis M. Henri Albert, sont caractéristiques à cet égard. Un peu pillés et houspillés par les soldats de Bonaparte, les gens de Weimar sont tout de même plutôt heureux, et même un peu fiers de « recevoir » des Français. Les troupes prussiennes, après leur passage et leur séjour dans le duché, durant les mois qui précédèrent la déroute, n'avaient laissé que de mauvais souvenirs. « Les chers Prussiens ne sont pas précisément les bienvenus », écrit Gœthe le 5 janvier. Les Français les remplacent après le 14 octobre. Ils commencent par envahir la maison de Gœthe, boivent son vin, lui prennent son lit, manquent même de l'assassiner. Gœthe est tiré de cette situation critique par la présence d'esprit de sa « petite amie » Christiane, — une « petite amie » quadragénaire d'ailleurs et qu'il épousa peu après par reconnaissance. Malgré ces mésaventures, Gœthe est encore content. Il ne se plaint ; pas ; il est presque flatté d'avoir été battu par des Français. Eût-on un peu bousculé Christiane elle-même qu'il n'y aurait pas trouvé à redire. Il s'en serait presque senti honoré au fond du cœur. Il était tout à la joie d'être mêlé à des civilisés. On le voit préoccupé de leur faire bon accueil dans sa maison remise en ordre après le pillage. D'ailleurs, on sait qu'il est Gœthe et, par quelques égards, les conquérants ajoutent encore aux bonnes dispositions du grand écrivain.

Le commandant de la place de Weimar avait été bien choisi. C'était un nommé Dentzel, originaire des pays rhénans, dont la carrière au service de la France fut bien remplie, et qui rendit, d'ailleurs, de grands services sous tous les régimes qu'il traversa, et auxquels il montra un égal dévouement. Dentzel, dès son entrée en fonctions, s'empressa d'envoyer au grand homme le billet suivant :

L'adjudant général de l'état-major impérial prie M. le conseiller Gœthe d'être absolument tranquille. Le commandant soussigné de la ville de Weimar, sur la demande de M. le maréchal Lannes, et par égard pour le grand Gœthe, prendra toutes les mesures pour veiller à la sécurité de M. Gœthe et de votre maison.

Dès le 18 octobre, Dentzel entre en relations encore plus intimes avec Gœthe. Il lui écrit :

Je crois rendre le plus grand service à M. le conseiller Gœthe en logeant chez lui comme hôte M. Denon, membre de l'Institut national et inspecteur général des beaux-arts et des musées.

Gœthe avait, en effet, connu à Venise le délicat et lettré Vivant-Denon. L'arrivée des Français lui permit ainsi de renouer une liaison agréable. C'est un bienfait dont il fut reconnaissant à la conquête.

D'ailleurs, après Vivant-Denon, directeur des musées impériaux, Gœthe se lia d'amitié avec maints militaires français. Il n'était pas médiocrement fier d'entrer dans la société de nos illustres maréchaux. Quand il eut vu Napoléon dans la rencontre célèbre et si souvent racontée, il ne se posséda plus d'orgueil et de joie. Et toute sa vie il se souvint avec fierté et ne manqua pas une occasion de faire souvenir les autres de la faveur que « le grand homme », son « protecteur », « son empereur », comme il le nommait, lui avait témoignée.

Il se trouva quelques personnes pour estimer que Gœthe manquait un peu de sens allemand et de patriotisme germanique. Elles furent rares. Le cas de Gœthe n'était pas unique ; tant de Berlinois eux-mêmes allaient faire aussi bon accueil que les gens de Weimar à nos soldats ! Le fait est que l'Allemagne de 1806 ne prit pas Iéna pour une catastrophe nationale ; qu'elle s'émut fort peu d'une défaite prussienne et que Gœthe, le plus représentatif de tous les Allemands, ne fut pas éloigné de se réjouir de l'invasion étrangère. Au lendemain d'Iéna, il se marie, il héberge les généraux français, il travaille à ses livres et à sa Théorie des couleurs, avec sa proverbiale sérénité : la tentative de pillage et d'assassinat commise dans sa maison et sur sa personne n'a même pas le don de l'émouvoir. Il conseille à ceux qui lui parlent de cet incident de faire plus attention aux pandours indigènes qu'aux pillards de la Grande-Armée, laquelle a de la discipline. Et quand, après un tour de promenade dans Weimar, il constate que les jardins publics ont seuls un peu souffert et qu'il suffira de quelques heures de jardinage pour remettre les pelouses en bon état, il se console sur-le-champ d'Iéna et d'Auerstsedt qui n'ont pas causé plus de dommage. « Avec quelques petits travaux, écrit Gœthe au duc Charles-Auguste, les traces du malheur seront « réparées. » Cette petite phrase résume très bien l'état d'esprit allemand de 1806. Deux ans après Iéna, en 1808, après l'entrevue d'Erfurt, où Napoléon lui adressa son salut fameux, Gœthe écrivait encore :

> J'étudie maintenant de nouveau à fond là plus ancienne littérature française pour pouvoir m'entretenir sérieusement avec les Français. Quelle civilisation infinie avait déjà passé sur leur pays à une époque où nous autres, Allemands, nous étions encore des gens grossiers. L'*Allemagne n'est rien*.

Comment, de cet abîme d'avilissement, de ce renoncement des citoyens eux-mêmes, de cet écrasement, de ce néant, de ce rien, l'Allemagne devait-elle arriver à être tant, sinon à être tout ? Comment le réveil national de 1813 devait-il suivre de si près la défaite et l'abdication de 1806 ? L'Allemagne unifiée, revenue à la conscience d'elle-même, s'en rend compte aujourd'hui, c'est Iéna qui donna le grand ébranlement précurseur d'un ordre de choses nouveau. Napoléon, achevant ce qu'avaient commencé la Révolution et les idées révolutionnaires, eut l'imprudence de secouer et d'éveiller ce « corps germanique » que jadis la politique française s'appliquait à endormir. Depuis la paix de Westphalie, tous les efforts de nos hommes d'État avaient tendu à rendre inoffensif le colosse d'outre-Rhin. C'était un ouvrage adroit et solide. Sans contrainte, sans violence, en nous faisant aimer au contraire, en nouant, à la suite d'une habile politique de protection et d'intervention, toute sorte de liens intellectuels et moraux, nous étions arrivés à neutraliser l'Allemagne. Des fautes comme le ravage du Palatinat avaient montré combien il était dangereux d'irriter la bonne bête teutonique et de soulever ses ressentiments.

Napoléon commit la faute immense d'exciter et de brutaliser la bête. Iéna est une belle victoire française, un grand fait de guerre, et il faudrait n'avoir jamais mis le pied en Allemagne pour nier le prestige que cet écrasement total de la Prusse vaut encore au nom français. La honte d'Iéna balance toujours pour les Prussiens la gloire de Sedan. Et je crois qu'il y a avantage à ne pas trop oublier que les Français ont vu, un jour qui n'est pas si loin, l'aigle de Prusse tourner casaque, si l'on ose s'exprimer ainsi.

Cependant le mot de Bonald est juste et vrai : « Toutes les victoires de Napoléon sont au Muséum. » Il ne reste d'Iéna que la gloire et les trophées. Ou du moins il en reste les résultats, inverses de ceux qu'on attend ordinairement de la victoire. Iéna fut un inutile et dangereux triomphe en préparant le nationalisme allemand, en faisant naître un patriotisme inconnu jusqu'alors.

Bismarck, fondateur de l'unité allemande, a bien discerné le service que l'intervention napoléonienne rendit à l'œuvre des Hohenzollern. On pouvait croire que l'empereur avait à jamais anéanti la Prusse qu'il tenait sous sa botte, la dynastie dont il avait le pouvoir de renverser le trône. Au contraire, il ouvrait à la Prusse et à l'Allemagne des destins inespérés. Bismarck en a témoigné en prononçant ces paroles, le 31 octobre 1892, sur la place du marché d'Iéna :

Sans l'effondrement du passé, le réveil du sentiment national allemand en pays prussien, de ce sentiment national qui tire son origine d'une époque de honte profonde et de domination étrangère, n'eut pas été possible.

C'est la vraie morale politique du centenaire d'Iéna. Et les paroles de Bismarck seront singulièrement complétées par ce passage des mémoires d'un soldat de Napoléon. Le brave Marbot, excellent cavalier, vaillante estafette et grand donneur de coups de sabre, n'était pas une intelligence de premier ordre. Pourtant, muni de bon sens, il jugeait la politique de son maître et en mesurait toute l'imprudence. C'est donc Marbot, homme de cheval et de bivouac, qui écrivait ceci dans ses *Mémoires* :

Quoique je fusse encore bien jeune à cette époque, je pensais que Napoléon commettait, une grande faute en réduisant le nombre des petites principautés de l'Allemagne. En effet, dans les anciennes guerres contre la France, les huit cents princes des corps germaniques ne pouvaient agir ensemble… Au premier revers, les trente-deux souverains, s'étant entendus, se réunirent contre la France, et leur coalition avec la Russie renversa l'empereur Napoléon, qui fut ainsi puni pour n'avoir pas suivi l'ancienne politique des rois de France.

Je crois qu'on ne peut pas mieux dire ni mieux résumer le résultat final de la brillante campagne de 1806.

II
Les Leçons d'Iena

Il n'y a pas d'équivalence entre les deux célébrations qu'on a faites du centenaire d'Iéna en Allemagne et en France. Là-bas, on mesurait le chemin parcouru depuis les défaites, et surtout on expliquait aux générations nouvelles que ce n'est pas le hasard, mais de grandes volontés servies par de bonnes institutions qui ont réussi à relever l'Allemagne de la misère et de l'avilissement où elle était tombée. En France notre histoire est moins simple et moins claire. Les révolutions, la rhétorique des partis, la succession des régimes, l'habitude d'un langage rempli de « nuées », rendent inconcevable pour la plupart des Français la suite des événements du dix-neuvième siècle. Pour eux les défaites succèdent aux victoires, Waterloo sort d'Iéna et Sedan de Solférino, sans lien, sans raison, par l'effet d'une mystérieuse et pénible fatalité. Cependant quelques écrivains patriotes ont tenté de tirer la philosophie et la leçon d'Iéna. C'est ainsi que M. Henri Welschinger a montré que la Prusse devait voir les causes de sa défaite dans le pacifisme prussien du commencement du dix-neuvième siècle, dans l'absence de toute préparation à la guerre, la faiblesse du commandement, le relâchement de la discipline, le mauvais état de l'armement, le défaut d'instruction militaire, résultats de cette illusion qu'un peuple est toujours libre de conserver la paix du moment qu'il ne veut pas se battre. M. Henry Bordeaux a rappelé le magnifique réveil de la conscience nationale en Prusse après Iéna, les efforts des patriotes pour relever le pays de ses ruines, l'initiative d'un intellectuel comme

Fichte abandonnant ses spéculations philosophiques pour aller au devoir immédiat et, dans ses *Discours à la nation allemande*, prêtant le secours de sa pensée et de son éloquence aux efforts des militaires et des hommes d'État. Iéna resté la preuve historique qu'une grande défaite peut être l'école d'un peuple, le principe de sa régénération. Enfin un autre écrivain, Louis d'Hurcourt, est allé plus loin encore en montrant que la Prusse a donné un exemple que la France n'a pas suivi, car elle s'est remise à l'œuvre aussitôt après le désastre, mais sans rejeter aux calendes une revanche qu'elle prit dès 1813 et dont elle ne laissa pas le soin aux générations futures. On a trop dit, remarque fort justement M. d'Hurcourt, que la Prusse avait attendu soixante et soixante-quatre ans (c'est-à-dire Sadowa et Sedan) pour réparer sa défaite. C'était oublier volontairement Leipzig et Waterloo. Rejeter sur la deuxième ou troisième génération d'après une guerre le soin de venger ses vaincus et ses morts, équivaut pour un peuple à renoncer aux réparations et à la revanche. M. d'Hurcourt à dit cela en termes très forts, et qui auraient encore gagné à être appuyés de l'explication historique et politique du renoncement de la France, après un réveil d'énergie et de patriotisme qui égale bien celui de la Prusse après Iéna. Cette explication, on la trouve dans la nature du régime démocratique et républicain, régime du moindre effort, des velléités brèves et des courtes pensées.

On n'avait d'ailleurs pas attendu le centenaire pour tirer la leçon d'Iéna. Bismarck, nous venons de le voir, l'avait fait depuis longtemps, en saluant, cette défaite prussienne, — largement rachetée depuis, — comme l'origine de la libération et de la renaissance allemandes. Mais nous avons aussi dans notre littérature historique et

109

politique un grand ouvrage qui commente les enseignements d'Iéna. C'est celui que M. Godefroy Cavaignac écrivit entre 1890 et 1898 sur la *Formation de la Prusse contemporaine*. Patriote, mais républicain par tradition et par conviction, l'ancien ministre de la guerre s'était proposé de montrer dans son livre l'influence bienfaisante des idées de la Révolution française sur le *risorgimento* prussien. Sa thèse était que le désastre de 1806 marqua pour la Prusse la fin de l'ancien régime et des principes d'ancien régime, l'avènement d'un régime nouveau gouverné par les idées de 1789, et que de cette Révolution datèrent pour la Prusse sa grandeur et sa prospérité.

Godefroy Cavaignac, en soutenant cette thèse, unissait étroitement ses sentiments de patriote et ses sentiments de républicain. Il était de cette école qui croit au caractère national de la Révolution et qui voit dans les idées de 1789 un des titres d'honneur de la France. Il était aussi de cette respectable et honnête fraction du parti républicain qui se préoccupe de ne jamais séparer les principes démocratiques et libéraux du patriotisme. Aussi, en écrivant son histoire de la Prusse selon ce système, avait-il dessein de montrer comment les idées de 1789 peuvent servir à rendre un pays plus fort et mieux armé pour ses revanches.

Godefroy Cavaignac se trompait évidemment et il a peut-être assez vécu pour voir, par le développement parallèle de la France et de la Prusse, en quoi péchait son système. L'influence de la Révolution et des idées révolutionnaires sur les destinées de la Prusse n'est pas niable. Mais elles n'ont pas agi comme le croyait M. Cavaignac. Ce qu'il prend, dans la réorganisation de la Prusse après Iéna, pour un retentissement de ce qui s'était fait quinze ans plus tôt en France, c'est tout simplement le passage de l'état féodal à l'unité monarchique : c'est la restauration de l'idée d'État, comme Louis Xlll et Louis XIV, las de l'anarchie féodale, l'avaient comprise. Stein et Hardenberg, les grands ministres prussiens, n'ont pas refondu la Prusse selon le système des hommes de la Constituante ni de la Législative. Ils ont bien plutôt fait pour leur, pays ce que pour le nôtre avait fait Richelieu, si l'on tient compte de la différence des lieux et des temps. D'ailleurs, Godefroy Cavaignac, en scrupuleux historien, ne manque pas de le constater : les Allemands ne nous envient qu'avec modération les immortels principes et nient, quant à eux, toute, imitation de la politique révolutionnaire.

Ce qui n'est pas niable, pourtant, c'est l'influence des idées de la Révolution sur les transformations de la Prusse et de l'Allemagne. Mais cette influence s'exerça au rebours de la thèse de Godefroy Cavaignac. Nos armées d'invasion, apportant avec elles les principes des Droits de l'Homme, donnaient naissance à cette question des nationalités, inconnue de l'ancienne Europe, et qui allait entraîner au XIXᵉ siècle des convulsions qui ne sont pas encore finies. C'est de la « libération des peuples », dont Napoléon fut le champion, que devait sortir l'unité allemande, comme plus tard l'unité italienne. La chute de l'ancien régime marqua la fin de cette politique prudente et sage, constamment suivie par la monarchie française, et qui avait consisté à endormir le colosse germanique, à le diviser, à l'affaiblir, à profiter des querelles religieuses, des divisions territoriales, des rivalités princières, du manque d'argent, de l'état arriéré de la civilisation. Les guerres de la Révolution et de l'Empire sont glorieuses. Il serait absurde de dédaigner le lustre qu'elles jettent sur la

111

nation française. Mais, en fait de résultat positif, elles ont eu celui d'unir ce qu'il fallait continuer à tenir divisé, d'éveiller te qu'il eût mieux valu laisser dormir. Napoléon commit imprudences sur imprudences et non-sens sur non-sens. Il ne profita même pas de ses victoires, ne sut pas briser la dynastie des Hohenzollern ni dépecer immédiatement son territoire quand il la tenait à sa discrétion. L'ouvrage des électeurs de Brandebourg et du grand Frédéric pouvait être anéanti après 1806. Or, Napoléon se contenta de le diminuer et d'humilier Frédéric-Guillaume. Et, qui plus est, il forma, il arrondit de ses mains, auprès de la Prusse, d'autres royaumes qui, simplifiant le chaos germanique, devaient, le jour venu, rendre plus facile l'unité. Telles sont les véritables conséquences que porta la Révolution en Allemagne.

Quant aux idées révolutionnaires en elles-mêmes, les adhésions qu'elles avaient trouvées en Prusse dans le tiers-état, bien loin d'avoir servi le pays, avaient au contraire, dans toute la mesure où elles avaient agi, préparé la catastrophe de 1806. La Prusse se trouvait partagée entre deux partis également hostiles au bien public. D'une part les féodaux, qui, pour maintenir leurs privilèges, ou même pour les restaurer et les étendre en profitant de l'affaiblissement du pouvoir royal, faisaient bon marché de la patrie, de son unité, des nécessités militaires et fiscales ; d'autre part le tiers-état, qui trouvait dans les principes égalitaires et libéraux de commodes prétextes de se soustraire aux obligations du service militaire et de l'impôt. Rarement vit-on plus bel exemple de pays en décomposition que la Prusse au début du XIXe siècle. Les idées révolutionnaires tombant dans cette anarchie furent loin de rénover le pays. Elles furent conseillères d'abandon, et de division. Elles furent tout-à-fait d'accord avec les tendances d'un roi timide, irrésolu, nullement porté à l'action. Elles déterminèrent une grande crise de pacifisme qui, comme toujours tourna à la guerre, au désastre et à l'invasion.

Les rares Prussiens qui, avant 1806, conservaient du patriotisme et pressentaient les catastrophes, rendaient d'ailleurs responsables de tout le mal les « mensonges français ». Le mot est de Marwitz, un *Junker*, un hobereau, mais qui était de cette noblesse prussienne *frédéricienne*, militaire, fidèle, au service, et non de la séditieuse noblesse féodale. Marwitz écrit dans ses *Mémoires* :

> Les savants isolés, le tiers-état éclairé, avaient formé un puissant parti qui entraînait après lui les mauvais et les faibles ; l'armée même était divisée. Tout ce qui avait séjourné dans les nouvelles provinces s'était familiarisé avec les mensonges français ; tout ce qui, mis en rapport avec le tiers-état éclairé, s'était entiché des nouvelles doctrines, était devenu antibélliqueux et ne pouvait servir.

D'ailleurs, quand Marwitz avait proposé aux États de la Marche électorale une adresse au roi, qui lui offrait les services, les biens et le sang de la noblesse pour le salut de la patrie, il s'était heurté à un refus. On ne l'avait, même pas compris. C'est pourquoi Godefroy Cavaignac résume dans ce commentaire lumineux la situation :

> Quelle absence de ressort patriotique ces faits dénotent ! La froideur avec laquelle les États de la Marche accueillent les ouvertures de Marwitz est un trait caractéristique. La noblesse opprime et exploite le paysan ; elle n'est point un centre d'action et de vie locale ; perdue par l'étroitesse de caste et, en dernier lieu, par l'esprit de jouissance grossière, elle est fermée aux idées d'un patriotisme viril… Quant au tiers-état, les tendances individualiste et idéalistes, sympathiques encore en quelque mesure à la Révolution, à son œuvre, à la France, dominent l'Allemagne. *Elles ne préparent point le milieu éclairé à une action énergique.*

Ainsi, ce qui fut battu à Iéna, c'est un pouvoir royal affaibli, une aristocratie séparatiste, un tiers-état libéral. Les idées de la Révolution, comme le disait fort bien Godefroy Cavaignac, « ne préparent point à une action énergique », Les hommes qui après Iéna, entreprirent le relèvement de la Prusse réagirent en effet contre ces idées. Ce n'est pas sur les Droits de l'Homme, mais sur l'institution monarchique qu'ils songèrent à s'appuyer. Tout le mouvement politique et intellectuel qui suivit Iéna, finit par entraîner l'Allemagne entière, et aboutit à la formation de l'Empire, ne fut certes pas réactionnaire. La réaction, c'était la féodalité ennemie de l'unité nationale. Mais ce mouvement ne, participa pas davantage de la Révolution ni de ses idées. Il réussit parce qu'il avait l'intérêt national pour guide et une dynastie pour instrument.

Voilà non pas la seule, mais la plus forte leçon d'Iéna, ou plutôt la grande leçon de toute l'histoire de Prusse. Mais il faudrait un livre pour la développer.

III
La Prusse en 1806

Au lendemain d'Iéna et d'Auerstædt, Napoléon, deux fois vainqueur de la Prusse, frémissait de l'impatience d'arriver à Berlin. Les historiens disent que jamais il ne se montra plus fier d'une victoire, ni plus orgueilleux d'afficher son triomphe. À Vienne même, il eut un langage moins dur et moins hautain, il fut moins théâtral et ne songea pas à jouer au César. De toutes les capitales où il fit son entrée, Berlin fut la seule où il tint à étaler sa gloire et sa force. Il se plut, dans des proclamations et des lettres fameuses, à insulter l'ennemi qu'il venait d'abattre. Il faisait sentir à ses soldats et au peuple français tout le prix d'une victoire qui vengeait à la fois Rosbach et le manifeste du duc de Brunswick. Celui-ci, grièvement blessé à Auerstædt, faisait demander à Napoléon d'épargner sa famille et ses sujets. — « Qu'aurait à dire », répondit l'empereur aux ambassadeurs du duc, « qu'aurait à dire celui qui vous envoie si je faisais subir à la ville de Brunswick la subversion dont il menaçait, il y a quinze ans, la capitale du grand peuple auquel je commande ? »

C'est à Berlin surtout, et dans cette campagne de Prusse, que Napoléon Ier prit le langage et l'attitude de soldat de la Révolution, tant il avait conscience que c'étaient les idées révolutionnaires qui agissaient et paraissaient dans toutes les phases de ce grand conflit.

Thiers lui-même, ce froid annaliste, si peu curieux des idées et si peu soucieux des causes n'a pu s'empêcher de remarquer ce qu'a de saisissant l'entrée du soldat qui représentait la Révolution armée dans les

115

États du roi-philosophe, de ce grand Frédéric, qui avait si imprudemment allié à sa politique réaliste le goût de l'*Encyclopédie*. Thiers écrit donc ceci :

Napoléon arriva le 24 octobre au soir à Potsdam. Aussitôt il se mit à visiter la retraite du grand capitaine, du grand roi qui s'appelait le philosophe de Sans-Souci, et avec quelque raison, car il semblait porter le poids de l'épée et du sceptre avec une indifférence railleuse, se moquant de toutes les cours de l'Europe, on oserait même ajouter de ses peuples, s'il n'avait mis tant de soin à les bien gouverner. Napoléon parcourut le grand et le petit palais de Potsdam, se fit montrer les œuvres de Frédéric, toutes chargées des notes de Voltaire, chercha dans sa bibliothèque à reconnaître de quelles lectures se nourrissait ce grand esprit, puis alla voir dans l'église de Potsdam le modeste réduit où repose le fondateur de la Prusse... Frédéric et Napoléon se rencontraient ici d'une manière bien étrange ! Le roi-philosophe, qui, sans qu'il s'en doutât, s'était fait du haut du trône l'un des promoteurs de la Révolution française, couché maintenant dans son cercueil, recevait la visite du général de cette Révolution, devenu empereur, conquérant de Berlin et de Potsdam ! Le vainqueur de Rosbach recevait la visite du vainqueur d'Iéna ! Quel spectacle ! Malheureusement ces retours de la fortune n'étaient pas les derniers.

Thiers indique ici, approximativement au moins, la philosophie et les causes profondes des grands événements qu'il raconte. Dans la mesure où, du fait de l'engouement de Frédéric II, les idées révolutionnaires avaient pénétré le peuple prussien, elles avaient exercé leurs dommages ordinaires, préparé comme toujours la désorganisation et la défaite. Mais lorsque la Prusse se ressaisit, lorsque, appuyée sur sa dynastie nationale et rejetant ce que les patriotes appelaient les « mensonges français », elle travailla à son relèvement et à son indépendance, c'est elle qui l'emporta sur la politique insensée du « général de la Révolution » et finit même par avoir raison du génie militaire de Napoléon et de la bravoure de nos armées. L'histoire ainsi expliquée et d'une manière aussi sommaire ressemble un peu trop peut-être à la morale en action où les méchants sont punis et les bons récompensés. Mais il faut bien constater que les choses se sont ainsi passées et que les mêmes erreurs ont entraîné les mêmes châtiments, il faut bien constater encore que les « retours de la fortune » dont parle Thiers s'expliquent ainsi et non d'aucune autre sorte.

C'est un fait que la période que les Allemands appellent la période de l'*Aufklœrung*, de la « diffusion des lumières », c'est-à-dire de l'engouement pour les idées de l'*Encyclopédie* et de Rousseau, pour les principes libéraux et égalitaires, avait complètement démoralisé la Prusse. Il manquait à Frédéric II de croire à la véritable influence de cette philosophie dont il s'amusait, sans d'ailleurs en appliquer jamais les préceptes. Ce jeu faillit compromettre toute son oeuvre, ruiner sa monarchie et anéantir l'État prussien si péniblement constitué morceau à morceau, pièce à pièce, par ses tenaces et ambitieux souverains.

On put s'apercevoir des ravages qu'avaient exercés les idées nouvelles quand, après Iéna, les troupes françaises envahirent la Prusse. Les forteresses tombaient sans coup férir aux mains de nos soldats ; des centaines de prisonniers se laissaient garder par quelques hommes ; les autorités, la population, accueillaient l'envahisseur avec sympathie, presque avec empressement. N'était-on pas citoyens du monde ? La guerre n'était-elle pas chose abominable ? En attendant que les contributions militaires et la tyrannie de son administration rendissent son joug insupportable, Napoléon était acclamé par les vaincus. Les détails abondent sur la manière enthousiaste dont il fut accueilli à Berlin. Voici une page de Godefroy Cavaignac, dans sa *Formation de la Prusse contemporaine*, qui suffit à tout faire comprendre :

Dans une partie de la société de Berlin, l'influence des idées françaises du dix-huitième siècle paraissait avoir effacé jusqu'au sentiment de la nationalité. Il semblait que l'on vît déjà se former autour de l'occupation française un parti français, qui n'avait du reste qu'à continuer après Iéna les traditions de Lombard, de ceux qui avaient dirigé jusqu'alors la politique prussienne...

Les défections ne se comptaient plus. L'école littéraire allemande en offrait déjà d'éclatants exemples. Hegel assistait dans l'indifférence à l'effondrement de sa patrie et personnifiait en Napoléon l'« âme du monde ». Le revirement le plus bruyant fut celui de Jean de Müller. Le grand historien, si répandu dans la société berlinoise, l'adversaire passionné de la domination française, qui avait rédigé quelques semaines auparavant le mémoire adressé à Frédéric-Guillaume III pour lui conseiller plus d'énergie, se laissait séduire par quelques attentions de Daru et par un entretien avec Napoléon. Il allait passer au service du roi Jérôme. Mais ce qui dut rassurer l'empereur, plus encore que ces exemples éclatants et qui n'étaient pas nouveaux pour lui, de l'absence de tout sentiment national en Allemagne, ce fut la facilité avec laquelle les fonctionnaires prussiens, ayant à leur tête le ministre von Angern, lui prêtèrent le serment qu'il exigeait d'eux : « Je jure, y était-il dit, d'exercer avec la plus grande loyauté le pouvoir qui m'est confié par S.M. l'empereur des Français et roi d'Italie, et de l'employer exclusivement au maintien de l'ordre et de la tranquillité publique, de contribuer de toutes mes forces à l'exécution des mesures qui me seront prescrites pour le service de l'armée française, et de n'entretenir ni correspondance ni communication aucune avec les ennemis de celle-ci. Que Dieu me soit en aide ! »

L'ennemi, c'était le gouvernement national, et cependant personne ne refusa le serment.

Il y a peu de cas, dans l'histoire, d'une nation qui se soit aussi complètement abandonnée, qui ait aussi peu réagi après la défaite. Il ne faut pas oublier le prestige qui s'attachait alors en Allemagne à tout ce qui était français. La France représentait la civilisation, les lumières et l'art. Elle tenait la première place dans la vie intellectuelle et politique des peuples. Il se passa en Prusse ce que nous avons déjà vu à Weimar et, avec Hegel et Jean de Muller, ce que nous avons constaté pour Gœthe : la déférence et l'admiration pour les Français primèrent tout. Napoléon recueillait ainsi le fruit de deux cents ans de politique capétienne. Il n'en devait profiter que pour commettre cette imprudence d'éveiller le sentiment national allemand.

Qu'il dormait bien, en 1806, ce sentiment national ! Il était dans les limbes. Même dans la Prusse militaire et frédéricienne, le patriotisme était singulièrement assoupi. Les bourgeois de Berlin portaient à l'envi l'uniforme français de la garde nationale et leur zèle était si grand qu'on dut faire défense de le revêtir sans droit. Après tout, Frédéric II parlait et écrivait en français. Il avait fondé à Berlin une académie française. Le conseil le plus écouté de Frédéric-Guillaume III, Lombard, était français d'origine. Tout cela avait préparé les capitulations.

La Prusse livrée à elle-même, la Prusse comme nation était finie. Elle avait abdiqué son indépendance. Elle avait presque renoncé à elle-même. Les rares patriotes passionnés et prêts à risquer leur vie pour chasser l'étranger, se heurtèrent, comme le major Schill, à l'indifférence générale. On les laissa fusiller sans protestation. La Prusse semblait perdue et résignée à son démembrement et à sa fin. Que lui restait-il d'où pût lui venir le salut ? Sa monarchie et la politique de Napoléon.

On ne peut pas dire que Frédéric-Guillaume III fût un grand roi ni un monarque national. L'histoire de son règne est instructive mais non pas belle. Pénétré autant que ses sujets des idées pacifistes, convaincu que, par des concessions et d'habiles diplomaties, on évite toutes les « affaires » et tous les dangers, Frédéric-Guillaume III fit preuve, en face de Napoléon, d'une humilité et d'une timidité qui ne devaient pourtant pas empêcher Iéna. Il est certain que le roi de Prusse fait mauvaise figure dans l'histoire. Sa faiblesse de caractère, sa médiocre intelligence, les lacunes de son esprit et de son cœur, ne s'accordaient que trop bien avec les tendances de ses sujets. C'est lui, cependant, c'est sa maison et l'institution qu'il représentait, qui formaient le seul point d'appui et de résistance. Si faible, si timide, si irrésolu qu'il se montrât, Frédéric-Guillaume n'allait pourtant pas jusqu'à accepter l'idée de son suicide. L'instinct de vivre, l'intérêt vital et immédiat, l'emportèrent sur son naturel indolent. Ce ne fut jamais sans luttes qu'il se décida à renvoyer ses conseillers pour en prendre de plus énergiques, à adopter une attitude plus ferme en face des vainqueurs. Toute la famille royale, éclairée par son propre intérêt, avec la reine Louise, brave et clairvoyante, à sa tête, poussait le roi à sortir de son inertie, à adopter une politique plus nationale. C'est ainsi que, à force de concessions à son adversaire, Frédéric-Guillaume III en venait à une abdication presque complète, quand il se ressaisit et, dans le fameux conseil d'Osterode, le 21 novembre 1806 (date historique pour la Prusse), il décida de repousser les nouvelles exigences de Napoléon. Tous les historiens qui ont raconté cet événement ont dû reconnaître que c'est l'institution monarchique qui a sauvé la Prusse, l'instinct de conservation dynastique qui a dicté la résolution d'Osterode. Ranke a tout expliqué en écrivant à ce sujet :

À coup sûr, Frédéric-Guillaume III ne peut être comparé ni au grand Électeur ni au grand Frédéric, ces deux héros. Mais, devant ces propositions de Napoléon, l'instinct de la maison de Brandebourg se réveilla en lui.

La médiocrité et les défauts de Frédéric-Guillaume III n'étaient pas irrémédiables. Frédéric-Guillaume lui-même n'était pas éternel. La maison dont il était le chef et qui devait durer plus que lui le commandait. Réduit à autant de territoire, ou à peu près, qu'en eut jadis le roi de Bourges, le roi de Prusse, dans sa misère, retrouva la force de s'opposer aux dernières exigences du vainqueur. Contraint et forcé sans doute, et sous la pression des événements, il fera quand même son devoir de roi. C'est autour de lui que se grouperont les rares patriotes qui restent encore en Prusse. C'est avec lui que les Hardenberg, les Stein, les Scharnhorst, referont leur patrie. Quelle admirable leçon de politique !

Les idées Napoléoniennes et l'unité allemande

I
Napoléon III et le droit des peuples

> *Empereur et révolutionnaire,*
> *c'est trop d'un ! (Proudhon)*

La morne figure de Napoléon III n'est pas de celles qui font naître la sympathie, moins encore l'enthousiasme. Les catastrophes mêmes où il a entraîné tout un peuple, et dont les effets pèsent toujours sur nous et sur l'Europe, n'ont pu créer la légende de ce morose César. Seules, ses années de jeunesse, ses aventures de prétendant, ont quelque chose de hardi et de volontaire qui ne déplaît pas à l'imagination. Entre les biographes de l'empereur, M. André Lebey aura choisi là meilleure part en se faisant l'historien des « trois coups d'État de Louis-Napoléon Bonaparte ». De Strasbourg à Boulogne, à travers les conspirations et les intrigues une ambition se dessine, tout un système prend corps, l'idéologie épouse le roman. Il arrive qu'en lisant le récit de ces tentatives folles et prématurées on oublie le fléau napoléonien. Mais il ne tarde jamais à se rappeler au souvenir. Dans l'histoire de ce jeune prétendant qui risqua deux grosses parties et réussit brillamment la troisième, on voit l'origine des erreurs et des fautes dont le futur souverain fera porter le poids à la patrie. Entre un soulèvement militaire et une tentative de débarquement, il se grise des funestes doctrines qu'il appliquera avec entêtement lorsqu'il sera sur le trône. Ce prétendant tenait avec la même énergie aux deux lots qu'il avait trouvés dans l'héritage de son oncle : la couronne impériale et les idées napoléoniennes, c'est-à-dire révolutionnaires. Deux calamités à la fois pour la France : comme disait Proudhon, c'est trop d'une !

L'idée capitale du règne de Napoléon III, celle qui le caractérise, celle qui a amené tous les désastres dont les conséquences accablent aujourd'hui la France, ont changé ses destinées et assombrissent son avenir, c'est le principe des nationalités. Qu'un rêveur, d'ailleurs à demi étranger, que l'héritier du testament de Sainte-Hélène, qu'un jeune homme, formé en Allemagne et en Suisse et frotté de carbonarisme, ait pu consacrer son influence et ses forces à ce principe, rien que de naturel. Or tel fut, toute la courbe de son histoire le montre, l'éternel, l'unique moteur de la vie et de la politique de Napoléon III. Après Sadowa, après Sedan même, après l'unité italienne et l'unité allemande faites contre nous, après l'effondrement de son trône, il s'acharnera encore à défendre et à glorifier ce principe. Mais que tout un peuple ait adopté cette idée de suicide et de ruine, c'est ce que l'on comprendrait peut-être mal sans l'opiniâtreté que mit Napoléon III à la défendre durant la mauvaise fortune avant de l'appliquer, une fois monté au pouvoir, et sans le soin qu'il prit, dès sa jeunesse, de marquer les points de contact et de ressemblance qu'il y avait entre sa doctrine et la doctrine démocratique et révolutionnaire.

M. André Lebey insiste avec raison sur la « préparation » des coups d'État de Louis-Napoléon. Il analyse la propagande à laquelle le prétendant lui-même, de sa propre plume, se livra de tout temps en faveur de ses idées. Il montre enfin le secours qu'apportèrent à cette propagande pendant la monarchie de juillet la littérature et les arts, et comment Louis-Napoléon sut employer ces puissants auxiliaires.

Préparer l'esprit public à ses coups d'État, faire la philosophie de l'Empire, ce fut là besogne la plus, importante que le prétendant crût devoir accomplir en attendant de faire l'Empire lui-même. Acquitté après l'échauffourée de Strasbourg, il recommence par ses écrits et ses manifestes à « préparer » l'affaire de Boulogne. Emprisonné après cette affaire, il n'en continue pas moins d'écrire des brochures et des livres qui feront connaître ses idées. C'est lui qui baptisait son temps de prison « mes années de l'Université de Ham ». Conquérir le pouvoir étant le but de sa vie, il ne faisait pas de différence entre l'action directe et la propagande des idées. Sa doctrine, son ambition, son activité, ne se séparaient pas.

Sa méthode fut excellente. M. André Lebey dit avec raison qu'elle peut être appelée le modèle des méthodes. Secondé par Persigny, Louis-Napoléon avait adopté le vrai moyen de parvenir. Le malheur est qu'il le mit au service des idées les plus contraires à l'intérêt national. Mais telle est la force d'une propagande pareille à celle qu'il avait conçue et qu'il mit à exécution, que ces idées mêmes aidèrent l'Empire à trouver son chemin dans l'opinion et ouvrirent l'accès du pouvoir à l'héritier de Bonaparte.

Le numéro unique de cette fameuse *Revue de l'Occident* où Persigny — qui n'était encore que Fialin et méditait de devenir « le Loyola de l'Empire » — voulait fixer la doctrine napoléonienne, portait déjà pour épigraphe le mot du premier empereur : « J'ai dessouillé la Révolution, ennobli les peuples et raffermi les rois. »

Et Fialin commentait ainsi cette parole célèbre : « A nous l'idée napoléonienne ! En cette impériale idée résidait la tradition tant cherchée du XVIIIe siècle, la vraie loi du monde moderne et *tout le symbole des nationalités occidentales...* Le temps est venu d'annoncer par toute la terre européenne cet évangile impérial qui n'a point encore d'apostolat. Le temps est venu de relever le vieux drapeau de l'empereur... »

Ainsi Louis-Napoléon et son confident avaient recueilli comme un précieux héritage l'esprit révolutionnaire du testament de Sainte-Hélène. L'un et l'autre acceptaient et comprenaient l'idéal cosmopolite qui avait inspiré l'œuvre de Napoléon Ier comme celle de la Révolution. Cet idéal, les proclamations que Louis-Napoléon avait préparées pour l'affaire de Strasbourg l'expriment nettement déjà. Elles annoncent tout le programme du second Empire. Louis-Napoléon disait dans sa première « proclamation au peuple français », en imitant, non sans feu ni sans adresse, le style des bulletins de la Grande Armée :

Français, que le souvenir du grand homme qui fit tant pour la gloire et la prospérité de la patrie vous ranime ! Confiant dans la sainteté de ma cause, je me présente à vous le testament de l'empereur Napoléon d'une main, l'épée d'Austerlitz de l'autre. Lorsqu'à Rome le peuple vit les dépouilles ensanglantées de César, il renversa ses hypocrites oppresseurs. Français, Napoléon fut plus grand que César : il est l'emblème de la civilisation au dix-neuvième siècle.

Fidèle aux maximes de l'empereur, je ne connais d'intérêts que les vôtres, d'autre gloire que celle d'être utile à la France *et à l'humanité...*

J'ai voué mon existence à l'accomplissement d'une grande mission. Du rocher de Sainte-Hélène, un regard ; du soleil mourant a passé sur mon âme ; je saurai garder ce feu sacré ; *je saurai vaincre ou mourir pour la cause des peuples.*

Et dans, sa proclamation à l'armée, il répétait encore :

Soldats, français, quels que soient vos antécédents, venez tous vous ranger sous le drapeau tricolore régénéré : il est l'emblème de nos intérêts et de notre gloire. La patrie divisée, la liberté trahie, l'humanité souffrante, la gloire en deuil, comptent sur vous. Vous serez à la hauteur des destinées qui vous attendent.

Apres l'échec de Strasbourg et son acquittement, Louis-Napoléon, en attendant de reprendre l'épée, reprend la plume. C'est alors qu'étant à Londres, il écrit les *Idées napoléoniennes*. On y trouve déjà l'unité italienne annoncée : « Le nom si beau d'Italie, mort depuis tant de siècles, rendu (par Napoléon Ier) à des provinces détachées, renferme en lui seul tout un avenir d'indépendance. » Le prétendant explique le vrai sens de l'œuvre napoléonienne détruite par les traités de 1815, et qui était de ressusciter les nationalités, européennes par les idées révolutionnaires. Sans Waterloo, « l'humanité eût été satisfaite, car la Providence n'a pu vouloir qu'une nation ne fût heureuse qu'aux dépens des autres, et qu'il n'y eût en Europe que des vainqueurs et des vaincus, et non les membres réconciliés d'une même et grande famille ». Singulière persistance de la chimère ! Trente ans plus tard, Napoléon III tiendra le même langage dans cette circulaire où, après Sadowa, il affirmait que ce serait une politique mesquine que de s'opposer par crainte ou par jalousie à ce que l'Allemagne réalisât son unité, comme la France, avant elle, avait fait la sienne. Et la conclusion des *Idées napoléoniennes* était celle-ci :

Que les mânes de l'Empereur reposent en paix ! Sa mémoire grandit tous les jours. Chaque vague qui se brise sur le rocher de Sainte-Hélène apporte, avec un souffle d'Europe, un hommage à sa mémoire, un regret à ses cendres, et l'écho de Longwood répète sur son cercueil : *Les peuples libres travaillent à refaire ton ouvrage.*

C'est ainsi que Louis-Napoléon préludait au débarquement de Boulogne. Un précieux chapitre du livre de M. Lebey montre que ces écrits, où se précisaient déjà les théories du futur règne, n'étaient pas mal vus par l'étranger ; les chancelleries surveillaient le neveu de l'empereur. Elles trouvèrent à un certain moment qu'il pourrait assez bien servir leurs desseins. Il est très probable, quoique les documents ne soient pas des plus explicites, que l'affaire de Boulogne trouva au moins des encouragements en Russie et en Angleterre. C'était le temps où l'Angleterre défiait la France, où presque toute l'Europe nous était hostile. M. Lebey cite ce passage d'Elias Regnault dans son *Histoire de huit ans* :

Ce n'est pas, assurément, que le ministre anglais ou l'ambassadeur moscovite crussent sérieusement à une restauration napoléonienne ; mais une descente improvisée pouvait distraire les esprits de la grave question d'Orient, détourner les colères de Louis-Philippe et affaiblir son gouvernement par de nouvelles inquiétudes. Louis Bonaparte, sans s'en douter, servait d'instrument à des roueries diplomatiques, et les hommes d'Etat dont il croyait avoir l'appui ne l'attiraient à eux que pour le pousser en avant, comme la sentinelle perdue de la coalition.

À cette citation d'un contemporain, M. André Lebey ajoute cet excellent et vigoureux commentaire, qui ne laisse pas de surprendre d'ailleurs, et de faire plaisir, partant d'un écrivain bonapartiste :

Dans ce cas, Louis-Napoléon aurait prélude au rôle que devaient lui faire jouer en Europe Cavour et Bismarck ; la théorie des nationalités unissait les trois hommes, mais Cavour et Bismarck ne la comprenaient que pour leur propre pays, et avec d'autant plus de force et de netteté.

Chacun s'étonnera qu'on puisse être encore bonapartiste quand on voit aussi clairement, quand on dit aussi bien que l'Empire, au détriment de la France, n'a profité qu'à l'étranger. Ce devait être la destinée du troisième Napoléon de « servir d'instrument à des roueries diplomatiques ». Singulière prophétie : après Boulogne, le prisonnier de Ham avait écrit au charbon sur les murs de sa chambre : « La cause napoléonienne est la cause des intérêts du peuple ; elle est européenne ; tôt pu tard elle triomphera. » Elle a triomphé, en effet, pour l'avantage de quelques peuples européens.

La fin du livre de M. Lebey montre, comment le réveil des souvenirs napoléoniens, — entretenus par les livres de Thiers, par les poèmes de Victor Hugo, par les chansons de Béranger, par les lithographies de Raffet et de Charlet, par l'initiative même du gouvernement de Louis-Philippe, soucieux d'opérer la réconciliation nationale et ramenant aux Invalides les cendres du héros, — favorisa la propagande des idées de Louis Bonaparte. Un homme avait été clairvoyant. Chose extraordinaire cet homme était Lamartine. Quand il s'était agi de voter un crédit pour élever le tombeau de Napoléon Ier, il avait averti la Chambre. Prenez garde, disait-il. Ne croyez pas que

cet ébranlement des imaginations du peuple, que ces spectacles prolongés et attendrissants, ces récits, ces publications populaires, n'ont aucun danger pour l'avenir de la monarchie. — J'ai peur que cette énigme n'ait un jour son mot. Je ne suis pas sans inquiétude sur cette divinisation d'un homme... Sur sa tombe, il faudrait graver ces trois mots : *À Napoléon seul*, afin qu'ils indiquent à la France et à l'Europe que si cette généreuse nation sait honorer ses grands hommes, elle sait les séparer même de leur race et de ceux qui les menaceraient en leur nom, et qu'en élevant ce monument, elle ne veut susciter de cette cendre ni la guerre, ni des prétendants, ni même des imitateurs.

Lamartine voyait juste. Les écrivains romantiques, les orateurs, les publicistes libéraux servirent, contre la France, la cause de Napoléon III, qui était la cause de la Révolution. Même quand ces libéraux se seront faits ses ennemis par haine de l'Empire autoritaire, ils ne pourront s'empêcher d'applaudir le « serviteur de la cause des peuples », l'artisan de l'unité italienne et de l'unité allemande.

Il reste, — et c'est la moralité machiavélique du livre de M. André Lebey, — que Louis-Napoléon a su utiliser ces éléments-là pour son succès. Et sa méthode fut, en effet, la bonne. Louis-Napoléon et ses amis de la première heure comprirent que le commencement de leur tâche était de propager leurs idées et de préparer les esprits. « Napoléon III, écrit M. Lebey, a réussi en se montrant avec intelligence, en appuyant ses pas en avant d'actes et d'écrits, en se servant des uns et des autres avec une obstination où bien peu eussent persévéré, car il a été l'explorateur de sa route, tantôt son ingénieur, tantôt son ouvrier, puis son conquérant, » Cela est fort bien dit. Telle est la vraie méthode par laquelle réussissent des entreprises de cette nature. Mais il faudra éternellement regretter que celle qui a mis Napoléon III sur le trône ait causé à la France d'irréparables dommages. L'avènement de ce prétendant devait être le triomphe de la cause des peuples, l'occasion des succès italiens et germaniques, l'origine des diminutions françaises. Ainsi l'intelligence, l'activité, l'enthousiasme, la volonté de réussir entrèrent au service de toutes les puissances de l'erreur et du mal : Il fallut pour le malheur de la patrie que, de nouveau, l'ambition d'un Bonaparte conspirât avec les circonstances et avec les illusions de son siècle. Je ne crois pas qu'on puisse toucher à une seule page de l'histoire du second Empire — même à ses préludes et dans la formation de ses principes politiques — sans avoir le droit d'exprimer, au nom de la France, cette exécration.

II
L'empire libéral et le principe des nationalités

Avant que son idéologie lui coûtât le trône, les services qu'elle rendit à Napoléon III furent considérables. Les principes de l'Empire constituèrent sa garantie contre une opposition vraiment dangereuse. Ce serait une histoire à écrire que celle des ralliements qui se firent depuis le lendemain du coup d'État jusqu'à la veille même de la catastrophe. Elle montrerait que les idées y eurent plus de part que l'intérêt. C'est qu'à droite comme à gauche, le système impérial offrait des satisfactions. Pour les conservateurs sans doctrine, l'Empire représentait les principes d'ordre et d'autorité ; quant aux libéraux et aux démocrates, ils devaient, bon gré mal gré, lui donner leur approbation lorsqu'ils le voyaient appliquer les parties communes du programme napoléonien et du programme révolutionnaire. L'opposition de gauche sous la Restauration et sous la Monarchie de juillet avait surtout vécu d'un prétendu nationalisme. La haine des traités de 1815 était son alpha et son oméga. Que devint-elle lorsque le prince-président, en prenant le pouvoir, annula le principal article de ces traités, où avait signé l'Europe entière, et qui proclamait pour Napoléon et ses descendants l'exclusion éternelle du trône de France ? Et que demeura-t-il de cette opposition le jour où Napoléon III lui-même déclara que les traités de 1815 n'existaient plus ? C'est ainsi qu'Émile de Girardin fut amené à servir l'Empire. C'est ainsi que les Havin et les Guéroult qui soutenaient la cause de l'unité italienne, durent s'incliner devant Napoléon, qui était un partisan bien plus sérieux qu'eux-mêmes de l'Italie une, puisqu'il faisait la guerre pour là réaliser. Ainsi, pour la politique intérieure, l'Empire se reposait sur la confiance de ces éléments de droite qui sont contents au prix de l'ordre matériel. Par sa politique extérieure, il comblait les vœux des éléments de gauche. Il eût pu se maintenir longtemps par ce jeu de bascule, si le propre des idées de gauche n'était justement d'entraîner à leur perte les gouvernements qui s'y abandonnent. C'est l'idée révolutionnaire du droit des peuples, c'est le principe des nationalités qui ont tué l'Empire et ont, avec lui, entraîné la France dans son désastre. Or, il ne faut jamais oublier que Napoléon III fut approuvé dans son œuvre européenne, dont le moins qu'on puisse dire est qu'elle toucha à l'absurde, par la presque totalité de l'opinion démocratique.

M. Émile Ollivier resta le témoin de cet accord des républicains et des Bonaparte contre les intérêts les plus évidents de la nation française. En écrivant l'histoire qu'il a faite, M. Émile Ollivier accusa plus haut que jamais cette identité de vues et n'a pas craint, malgré les dures leçons de l'expérience, de justifier par la communauté des aspirations un ralliement qui lui a coûté si cher. Un homme actif et ambitieux ne court dans l'opposition qu'une carrière monotone et stérile, s'il n'est soutenu par le culte de ses idées. M. Émile Ollivier se départit d'une intransigeance qui n'avait plus de raison d'être, le jour ou la bonne foi l'obligea de reconnaître qu'en somme il voulait les mêmes choses que Napoléon III. Ce n'est donc pas à M. Émile Ollivier, c'est au régime impérial, que ce ralliement fameux fait reproche.

De ce ralliement, M. Ollivier a donné le vrai sens et montré la préparation dans les dix tomes de son grand plaidoyer pour l'Empire libéral. S'il a dans cette histoire démontré une chose, c'est que l'Empire réalisa la conjonction de toutes sortes d'hommes étrangers à l'idée de l'intérêt national. Quel est le titre du premier volume de cette histoire ? *Le principe des nationalités.* C'est ce principe, en effet, qui domina la vie politique et la pensée de M. Ollivier, comme il gouverna le règne de Napoléon III lui-même. C'est dans ce principe qu'il faut voir l'origine de l'Empire libéral. C'est par ce principe que l'Empire libéral encourt toutes les responsabilités de 1870 au même titre et au même degré que l'Empire autoritaire.

Inconcevable puissance d'une idée contre laquelle tout, proteste : la raison et l'histoire autant que l'intérêt français. Après Sedan, Napoléon III ne s'y était pas encore soustrait, nous le verrons tout à l'heure. M. Émile Ollivier qui, dans sa patrie déchue, dans une Europe transformée et sans équilibre, assistait aux désastreux effets, — désastreux pour la France, pour l'ordre, pour la civilisation universelle, — de sa chimère préférée, ne revint pas du charme sous lequel fut tenue la jeunesse de son temps. Le dixième tome de son histoire apologétique en est la preuve. M. Ollivier y relate quelques-uns des faits qui furent décisifs pour l'avenir de la France : Mentana, le renversement de l'opinion allemande en faveur de la Prusse, enfin les discussions du Corps législatif sur la loi militaire et sur la politique extérieure de l'Empire. Il y avait, dans ce pénible mais instructif récit, bien des occasions pour M. Émile Ollivier de reconnaître ses erreurs, d'abjurer, instruit par l'expérience, un libéralisme funeste, et de donner l'exemple de l'indépendance d'esprit et du courage intellectuel en proclamant que les idées qu'il avait servies constituaient autant d'outrages à la vérité politique, autant d'atteintes à la chose française.

Il y a quelques traces de résipiscence, il faut le dire, dans le volume de M. Ollivier. En deux circonstances, il exprime brièvement le regret de s'être opposé aux projets du maréchal Niel sur la réforme militaire. Il écrit à un endroit :

Une certaine école professe un profond mépris pour *la vieille culotte de peau*. Moi-même, cédant à ce préjugé, j'ai dit autrefois que c'est une calamité.

Et, cinquante pages plus loin, après avoir reproduit en partie une de ses harangues :

Il y a des erreurs dans ce discours. Ainsi je me prononce contre les grands commandements qu'il eût fallu seulement mieux constituer ; contre l'excellente constitution d'un corps d'élite, modèle et ressource suprême ; je méconnais la valeur des vieux soldats, ce nerf de l'armée ;... je manifeste de nouveau cette confiance, illusion de mon désir pacifique, qu'il dépendait de notre modération d'éviter la guerre avec l'Allemagne, et, par conséquent, au lieu de trouver qu'on ne s'arme pas assez, je crains qu'on ne s'arme trop. Du moins, je n'ai pas poussé l'aveuglement pacifique jusqu'à me prononcer contre les armées permanentes et à méconnaître les services qu'elles ont rendus à la société.

Tel est le seul *mea culpa* auquel consente M. Émile Ollivier. Le reste de son livre affirme ses erreurs de jadis. Bien mieux, il n'en a même pas conscience ; il en tire vanité. Il expose la thèse, des nationalités comme quelque chose qui fait honneur à une politique. On est confondu par la manière dont, en 1905 encore, un homme qui eut tant de part aux événements de 1870, parle de cette unité allemande qui s'éleva sur nos ruines. À la légèreté spécifique de M. Émile Ollivier se joint ici l'esprit d'aveuglement et d'irréalité qui caractérise les hommes d'État et la politique de gauche. Ainsi M. Émile Ollivier rapporte qu'en 1867, il fit en Allemagne un voyage au cours duquel il s'informa de l'état de l'opinion allemande. Il en revint avec

la conviction que l'Allemagne, malgré des dissentiments réels, se réunirait tout entière contre nous en armes, dès que nous ferions mine de nous mêler de ses affaires intérieures dans l'intérêt d'une solution quelconque : au contraire, si nous renoncions à tout agrandissement, bien des années s'écouleraient encore avant que le roi Guillaume et Bismarck eussent franchi la ligne du Rhin.

Cet *au contraire*, rapproché des événements connus, des intentions avouées de la Prusse, de la politique, maintenant dévoilée, du prince de Bismarck, constitue une erreur historique de première grandeur après avoir été un diagnostic de dixième ordre. De même, M. Ollivier réédite une lettre écrite le 16 avril 1868 sur la situation politique de l'Europe : « Je vous admire, y disait-il à sa correspondante, de croire que dans la série essoufflée et mal enchaînée des expédients qui se déroulent devant nous, il y ait un plan et une conception quelconque. » Comment l'excuser d'avoir méconnu et de méconnaître encore qu'il y avait en Prusse, au moment où il écrivait ces lignes mieux faites pour l'oubli, un roi et un ministre qui savaient ce qu'ils voulaient et qui l'obtinrent grâce à M. Ollivier et à Napoléon III, à l'Empire et au principe des nationalités ?

C'est ce qui apparaît lorsqu'on lit à la clarté des choses irréparables le chapitre de ce livre qui est intitulé : *Thiers et Ollivier* sur les nationalités, M. Ollivier n'a pas craint d'y insérer un discours dirigé contre Thiers, qui — c'est son meilleur, peut-être son seul titre de gloire — vit constamment clair et juste durant le second Empire, dans les événements du dehors, et qui en décrivait la suite fatale comme le fait accompli nous la montre à nous-mêmes. Il importe de reproduire cette page. C'est un monument. Le bon sens, d'accord avec le patriotisme, et représenté par Thiers, s'y oppose avec une netteté presque tragique à l'idéalisme exaspéré, à la conception chimérique du droit des peuples et de la fraternité universelle que défendait M. Émile Ollivier :

Thiers m'interrompit au milieu de mes développements en criant : « Et l'intérêt de la France ! Montrez-nous donc, l'intérêt de là France dans tout cela ! » Je repris : « M. Thiers me dit : Montrez-nous donc l'intérêt de la France ! *(Voix nombreuses : Oui ! Oui !)* Je vais lui répondre : le caractère particulier de notre nation, ce qui constitue sa supériorité, c'est qu'elle a toujours mis son ambition, non dans la satisfaction matérielle du territoire agrandi, mais dans la satisfaction morale des idées répandues. *(A la gauche de l'orateur : Très bien ! Très bien !)* — THIERS, se levant : Où la mettez-vous donc, l'histoire de France ? Il faut déchirer notre histoire entière. Nous sommes ici tantôt Italiens, tantôt Allemands ; nous ne sommes jamais Français. *(Très bien ! Très bien ! Applaudissements.)* Soyons Français ! *(Nouveaux applaudissements.)* — ÉMILE OLLIVIER : Je vais vous le dire. — THIERS : Laissez-moi ajouter un mot. Je vous demande pardon de mon émotion ; mais enfin si en Allemagne on était Français, si en Italie on était Français, je comprendrais que nous allassions prendre fait et cause pour les Allemands et les Italiens ; mais comme en Allemagne on est Allemand et qu'on est Italien en Italie, il faut en France être Français. *(Applaudissements et bravos répétés.)*

Sans me laisser émouvoir par ces interruptions presque frénétiques, je repris tranquillement : « … Vous me demandez où est l'histoire de France ? L'Assemblée constituante a été la plus imposante des assemblées politiques ; dans son sein ont apparu des hommes de génie dont les paroles retentissent encore dans l'âme du pays. Quelle a été sa première affirmation ? Vous l'avez dit vous-même en parlant un jour de libertés nécessaires, cela a été non de déclarer les droits de la France, mais les droits de l'humanité ; non de vouloir l'affranchissement de la France, mais de vouloir l'affranchissement de tous les peuples. *(Rumeurs diverses en face et à droite de l'orateur. — Vives approbations sur plusieurs bancs à gauche.)* Cela a été de placer l'intérêt de la France non dans une grandeur égoïste, mais bien dans la grandeur de tous et dans la défense de la justice éternelle. *(Mêmes mouvements dans les mêmes parties de la salle.*) Il y a eu une seconde Assemblée constituante, et cette seconde Assemblée a retrouvé la pensée héroïque et désintéressée de la France et elle a dit à l'unanimité : Pacte fraternel avec l'Allemagne, pacte fraternel avec l'Italie... De l'histoire qui date de la Révolution française doit venir notre inspiration et nous devons retenir la volonté, la passion d'identifier les droits et la grandeur de la France avec les droits et la grandeur du genre humain. *(Rumeurs.)*... Pour moi la véritable tradition de la France, conforme à son véritable intérêt, consiste à faciliter, à seconder les aspirations des peuples vers l'indépendance et l'unité, et non à les contrarier, à les arrêter dans ce mouvement, et si aujourd'hui en Italie et en Prusse il y a un sentiment de colère contre la France,... *(murmures et réclamations sur plusieurs bancs)* c'est précisément parce que vous présentez à ces deux pays une France jalouse, mesquine, inquiète... *(nouveaux murmures)* et non une France confiante, généreuse et libérale. » *(Approbations sur quelques bancs à gauche.)*

On le voit, la gauche, toute la gauche approuvait M. Émile Ollivier. Que l'État français puisse et doive suivre une politique « héroïque », une politique « désintéressée », c'est en effet une idée de gauche, l'idée qu'exprimait Edgar Quinet dans une image fameuse quand il invoquait : « La France, Christ des nations ». Et c'est aussi l'idée dont Napoléon III se fit le serviteur.

Guéroult, Jules Favre, la soutenaient avec les mêmes arguments et la même chaleur. À l'encontre des suggestions du bon sens apportées par Thiers, ils affirmaient que, c'était une franche, une complète, observation de la politique des nationalités qui sauverait la France. M. Ollivier cite encore avec éloges ces fragments d'un discours de Guéroult :

... L'Allemagne est un grand pays qui pourrait bien prendre au sérieux son unité et qu'il ne faut pas froisser. Mais dans le discours de la Couronne, et plus encore dans les commentaires de M. Thiers, il est bien entendu que l'on fait des réserves, que l'on est en disposition et en volonté de ne laisser l'Unité allemande aller que

136

jusqu'où il nous conviendra. (UN MEMBRE : *On a raison.*) Eh bien, quant à moi, je n'aime pas ces paroles vagues qui n'engagent pas ceux qui les profèrent et qui blessent ceux qui les écoutent. (THIERS : *Cela ne pourrait blesser que les Prussiens !*) Croyez-vous qu'il soit agréable aux Allemands de s'entendre dire que l'Unité peut être une bonne chose, mais que la France verra jusqu'à quel point elle pourra leur permettre de la constituer ? Ou ceci est une menace, et c'est impolitique, ou c'est une fanfaronnade, et ce n'est pas digne de nous. Deux grandes nations se sont constituées à nos portes, deux groupes homogènes par la géographie, par la langue, par les traditions, par le génie. Quelle est pour nous la vraie politique, la seule politique raisonnable ? C'est de nous allier avec ces deux nations, de leur tendre la main, de ne pas voir avec jalousie, avec aigreur, avec méfiance, la grandeur des autres ; c'est de sentir que nous sommes assez grands nous-mêmes pour n'avoir rien à redouter de la puissance d'autrui.

« Guéroult, ajoute M. Émile Ollivier, eut le beau succès d'obliger Thiers à jeter le masque pacifique sous lequel il cachait ses arrière-pensées belliqueuses. » On va voir que la réponse de Thiers était la raison même :

J'ai toujours cru, ajouta Guéroult, qu'il est impossible de ne pas tenir compte, dans les transformations de l'Europe, des volontés des nations intéressées, et je ne crois pas que M. Thiers, eût-il été aux affaires, eût réussi à empêcher l'Unité italienne et l'Unité allemande. (THIERS : *Si, Monsieur.*) — Qu'il me permette ; de lui dire que cette prétention de se mettre, en travers de la volonté de toute une nation est au-dessus des forces de sa politique.(THIERS : *Elle n'est pas au-dessus de l'armée française. — Mouvement.*)

Quant à Jules Favre, il n'était pas moins net. Il déclarait le 4 juillet 1868 :

S'opposer aux desseins et aux destinées de l'Allemagne, ce serait une folie coupable, ce serait mettre contre nous toute la race germanique ; nous ne pouvons songer, à une pareille politique. J'ai protesté énergiquement contre les procédés de M. de Bismarck, mais ce qu'il y a de certain, c'est que l'œuvre se constitue et se consolide (ÉMILE OLLIVIER : *C'est cela !*) et qu'y toucher serait une ingérence tant qu'elle n'est pas menaçante pour notre nationalité et notre honneur. Au lieu de semer des divisions en Allemagne, nous devons partout y prêcher la pacification, non seulement en ce qui touche la Confédération du Nord, mais en ce qui touche la Confédération du Sud, *car nous n'avons aucun intérêt à ce que les rivalités se continuent entre les deux parties de l'Allemagne* En conséquence, s'insurger contre les faits accomplis, y rencontrer des souvenirs de ressentiment, des prétextes de défiance et de haine, c'est une erreur capitale qui fait peser sur la nation un malaise funeste qu'il faut, à tout prix dissiper. *(Très bien, à gauche.)*

Telles étaient les « profondes observations », comme les appelle M. Émile, Ollivier, de Jules Favre et de Guéroult. Ainsi, à l'exception de Thiers, chez qui l'intelligence politique et le sens positif triomphaient des principes libéraux, toute la gauche continuait à plaider pour l'unité allemande comme elle avait plaidé pour l'unité italienne. Non seulement elle ne reprochait pas au gouvernement impérial sa criminelle neutralité dans la guerre de 1866, mais elle pesait sur Napoléon, elle en appelait à sa fidélité au principe des nationalités pour que la France recommençât au delà du Rhin ce qu'elle avait déjà imprudemment fait et laissé faire au delà des Alpes. Et quand Napoléon III, à l'instigation, de l'impératrice, avertie par l'intérêt dynastique et inquiète pour le trône de son fils, essayait de réagir, tentait des retours timides et maladroits à la politique traditionnelle de notre pays, c'est alors que l'opposition criait à l'imprudence et à l'erreur. La seule excuse, la seule apparence d'excuse qu'on puisse invoquer en faveur de Napoléon III, ce sont les hommes de gauche qui la fournissent. Leurs récriminations, leur grandiloquence, leurs appels aux principes, enfin leur esprit de chimère, tout cela était fraternel à Napoléon III, tout cela trouvait un écho dans son cœur. Il ne suivait les conseils des sages, des politiques, que la mort dans l'âme. C'est pourquoi il les suivit trop tard, avec mollesse et inutilement. Les rares choses raisonnables qu'il ait faites lui laissèrent des remords, car elles contrariaient les leçons du testament de Sainte-Hélène, elles séparaient l'empereur de la Révolution, elles le privaient de l'estime des libéraux, des démocrates et des agitateurs du monde entier. Et c'est à cette estime-là qu'il tenait par-dessus tout. On peut dire que l'homme qui se réjouit le plus de l'avènement de l'Empire libéral avant même M. Ollivier, ce fut Napoléon III. Le césarisme libéral et révolutionnaire était au plus profond de ses vœux.

Napoléon III est certainement mort dans la persuasion où M. Ollivier reste toujours, que les désastres de 1870 sont venus de ce qu'il n'avait pas assez écouté Havin, Guéroult et Jules Favre. Nous avions essuyé des revers sans exemple, des milliers de Français étaient tombés sur les champs de bataille, l'ennemi avait ravagé notre territoire, nous avions perdu deux provinces et payé une indemnité sans précédent, un adversaire tout-puissant nous menaçait : et tout cela était venu en châtiment d'erreurs éclatantes, dont on suit la trace dans l'histoire, dont les hommes clairvoyants annonçaient l'issue fatale. Aucune de ces leçons n'a prévalu contre cette illusion enracinée, contre cette sorte de foi religieuse et irrationnelle qu'inspirent les idées de la Révolution. Des hommes ont cru, d'autres croient encore, contre l'évidence, que tous nos désastres eussent été évités par une observation franche, loyale, intégrale du principe des nationalités. On croyait et on enseignait qu'en donnant Rome à la maison de Savoie, en plus de Venise et des Deux-Siciles, qu'en invitant la Prusse à faire l'unité complète après l'avoir laissée battre l'Autriche et les États du Sud par une neutralité inexpiable, et dont les suites ont fait verser dix fois plus de sang français qu'une opportune intervention, on croyait et on enseignait que, par ces désintéressements sublimés, nous eussions échappé à la défaite et à la spoliation. Cela se trouve entre les lignes des papiers de Napoléon, en toutes lettres dans les historiens républicains, et M. Ollivier réconcilie sur ce point l'Empire et la République lorsqu'il écrit : « Si Moustier se fût levé, et nous eût répondu ces simples mots : — Nous entendons respecter dans l'avenir comme nous l'avons respectée dans le passé la liberté de l'Allemagne, — c'eût été l'effet d'un coup de soleil sur la glace : tout eût fondu ; les équivoques se dissipaient ; la confiance renaissait ; il y avait partout un immense soupir de soulagement, et Bismarck eût-il persisté dans des desseins belliqueux, il eût suscité en Allemagne un mouvement d'opposition bien plus irrésistible que celui dont il avait eu tant de peine à triompher en 1866. »

Autant de métaphores, autant d'atteintes à l'évidence même. Pourtant M. Ollivier termine son volume par ce conseil de sagesse : *Et nunc erudimini*. Mais l'idéalisme révolutionnaire est incorrigible. Rien, pas même l'infortune, ne l'enseigne jamais. À ce titre, la persistance des illusions de M. Émile Ollivier vaudra de rester comme un exemple historique.

III

Les illusions de Napoléon III après Sedan

Un de ces documents confirmatifs comme les premières années de ce siècle en ont tant produit, est venu entre les mains du directeur de la revue allemande *Nord und Sud*, qui l'a publié dans l'été de 1906. Ce sont des lettres adressées par Napoléon III, durant les quelques années qui séparèrent sa déchéance de sa mort, à une femme d'une grande intelligence, et d'un dévouement éprouvé pour sa personne, la comtesse de Mercy-Argenteau. Les détails de fait apportés par cette correspondance, à d'autres égards singulière, ne sont pas nouveaux. On savait que l'empereur déchu n'avait pas perdu l'espoir de remonter sur le trône et que, malgré le désastre et la maladie, il avait retrouvé en exil cette humeur aventureuse et ce goût des entreprises risquées qui avaient poussé le prétendant sur le chemin de Strasbourg et de Boulogne. On a donné plusieurs fois dans la presse des récits de ces plans qui se formaient à Chislehurst pour restaurer l'Empire. Cette correspondance nouvelle fait savoir que la comtesse de Mercy-Argenteau, Française de naissance (elle était la petite-fille de Mme Tallien) mais Autrichienne par son mariage, — son mari, il est vrai, se fit naturaliser plus tard, — avait mis ses relations et son activité au service de la cause bonapartiste et fut plusieurs fois chargée de missions importantes. C'est elle qui remit à l'empereur Guillaume une lettre que Napoléon III lui avait confiée en la priant « de porter, comme la colombe, un message de paix ».

Les tentatives faites par Napoléon III auprès de Guillaume Ier et de Bismarck n'aboutirent d'ailleurs pas. Ce qu'il est intéressant de retenir, c'est l'état d'esprit dont elles témoignent chez le souverain détrôné. Il s'était expliqué à son ambassadrice de ses idées sur les événements et du caractère de la mission dont il la chargeait. Une longue lettre, entre autres, datée du 4 février 1871, est significative. Elle montre à quel point le sens pratique, le jugement politique, manquaient à Napoléon III, avec quelle force, malgré la leçon des événements, subsistait en lui l'esprit de chimère.

Après avoir tout perdu, et la France avec lui, dans une défaite qui était le résultat d'une longue série d'erreurs et de fautes, ce « rêveur couronné », ainsi qu'on l'a si bien nommé, ne renonçait pourtant pas à ses rêveries. Le cosmopolitisme et l'humanitarisme, qui avaient inspiré toute sa politique des nationalités, l'aveuglaient encore après des coups si rudes. Il est peut-être le seul des Français dont l'idéal de fraternité européenne ait, à ce moment-là résisté au démenti que lui infligea la politique prussienne. Plus entêté dans l'illusion que Jules Simon et Victor Hugo eux-mêmes, il se refusait à voir et à comprendre les intentions et la méthode de Bismarck.

Rothan, ce diplomate clairvoyant et ce juste historien, définit bien les mobiles de la funeste politique de Napoléon III quand il écrit :

Napoléon III poursuivait le rêve d'une fédération des peuples, croyant que l'Europe, satisfaite et subjuguée par sa modération et sa sagesse, ne contesterait plus sa suprématie. Il se berçait de l'illusion qu'en face de la solidarité croissante des intérêts économiques, les contestations internationales se régleraient par voie d'arbitrages et que, par de sages compromis conciliant les droits des souverains avec les légitimes aspirations des peuples, on arriverait à la pacification générale

Tel était, en effet, le rêve de Napoléon III. Et, pas plus que le coup de tonnerre de Sadowa, la foudre de Sedan ne l'en avait pu tirer. Battu, détrôné, prisonnier de ses ennemis, il continuait de nourrir dans son cœur la religion du droit des peuples. Il se persuadait que le rôle magnifique de protecteur de toutes les nationalités était destiné à passer, de ses mains à celles du nouvel empereur, celui d'Allemagne. Et cette perspective le consolait presque de ses malheurs. L'idée qu'un monarque fût fait pour travailler dans l'intérêt de son peuple était si loin de sa pensée qu'il se figurait naturellement que Guillaume Iᵉʳ allait profiter de sa victoire pour inaugurer une politique généreuse et libérale, et non une politique d'intérêt. Voici d'ailleurs ce qu'il écrivait de Wilhelmshoehe à la comtesse de Mercy-Argenteau :

L'état de la France est déplorable, et je ne vois pas d'où peut venir le salut, si l'empereur d'Allemagne ne fait pas preuve de cet esprit chevaleresque que tout le monde lui reconnaît. Aujourd'hui que nous sommes complètement vaincus, les intérêts de l'Allemagne se confondent avec les nôtres. Rétablir l'ordre, comprimer l'esprit révolutionnaire, faire renaître la prospérité qui seule peut permettre de payer les frais de la guerre et assurer la paix, tels sont les résultats qu'on doit désirer dans les deux pays.

Si j'étais à la place de l'empereur et que l'Assemblée eût accepté la paix, j'exigerais que le peuple fût consulté pour établir un gouvernement assez fort pour remplir les engagements contractés. Si, au contraire, l'Assemblée repoussait la paix, j'entrerais à Paris à la tête de mon armée ; j'en chasserais les démagogues qui ont usurpé le pouvoir ; je déclarerais ne traiter qu'avec le gouvernement légitime ; je proposerais à ce gouvernement une paix moins onéreuse que celle offerte à l'Assemblée et une alliance basée sur une appréciation équitable des intérêts des deux pays. Resterait à savoir quelles seraient les conditions de cette paix et de cette alliance. Elles ne sont pas faciles à deviner, mais si, les deux parties étaient d'accord sur le but, on s'entendrait sans doute sur une solution favorable, car il y a des compensations à donner quand on est, comme le roi de Prusse, l'arbitre de l'Europe.

Toutes ces idées ont été, à peu près, je crois, développées au comte de Bismarck et son esprit élevé a dû les comprendre, mais les événements déjouent les projets et forcent même les grands hommes d'État *à se courber sous le joug mesquin de la nécessité.* Rien ne manque à la gloire de l'empereur et roi, si ce n'est de faire une grande paix, et j'entends par ces mots. une paix qui, au lieu de laisser comme trace de son passage la ruine, le désespoir et l'anarchie, fasse reconnaître la grandeur de son caractère et la profondeur de ses vues politiques.

Il va sans dire que ces considérations sentimentales n'eurent aucune prise sur Guillaume Iᵉʳ et sur Bismarck, et que la mission de Mᵐᵉ de Mercy-Argenteau échoua complètement. Loin d'être aux yeux de Bismarck « un joug mesquin », la nécessité servait de régulateur à sa politique. Mais Napoléon III était incapable d'entrer dans les conceptions bismarckiennes. Il continuait, après Sedan, d'être dupe autant qu'à Biarritz. Comme le prouve une autre lettre, adressée toujours à la même correspondante et datée du 2 mars 1871, il se refusait à croire que l'intention de l'Allemagne nouvelle, cette Allemagne dont il avait encouragé, favorisé l'unification, fût de voir « le travail de la France arrêté pour bien des années et trente-huit millions d'hommes livrés à l'anarchie ». Il ne comprenait pas que l'empereur et roi ne s'appliquât pas au bonheur de la France autant qu'à la prospérité de l'Allemagne ; qu'il voulût fonder la puissance de l'une sur l'abaissement de l'autre, et qu'il ne préférât pas obtenir par une « grande politique », c'est-à-dire par une politique désintéressée, une gloire plus « grande que celle qu'il acquerrait par la possession de Metz et de Strasbourg. »

Il existe, à ces lettres qui achèvent si curieusement la physionomie de Napoléon III, un complément qui n'est pas moins éloquent qu'elles-mêmes. C'est une rarissime brochure, publiée à Bruxelles à la fin de 1870 sous ce titre : *Des relations de la France avec l'Allemagne sous Napoléon III.* Elle est signée par le marquis de Gricourt, sénateur de l'Empire, après, avoir été un des premiers amis de Louis-Napoléon Bonaparte, un des complices de l'échauffourée de Strasbourg. Le fidèle Gricourt ne servit ici que de prête-nom, car il est établi que la brochure fut écrite par l'empereur lui-même. C'est une apologie et une défense de sa politique, et l'on y voit cette même persistance de l'illusion, ce même acharnement dans la chimère que nous venons de trouver dans les lettres à la comtesse de Mercy-Argenteau. Même naïveté, même inintelligence des faits, même surprise devant les événements, et même dépit de l'utopiste incorrigible devant la méchanceté des hommes, découverte pour la première fois.

Il y a, dans cette brochure, des aveux d'une simplicité prodigieuse, qui en font un acte d'accusation plutôt qu'un plaidoyer. C'est ainsi que Napoléon III explique sa neutralité dans cette guerre de Danemark par laquelle la Prusse annonça ses conquêtes et sa grandeur, et qui commença notre décadence en nous aliénant définitivement l'Angleterre, aux côtés de laquelle l'empereur avait refusé d'intervenir : « L'empereur, dit la brochure, après avoir proclamé très haut le principe des nationalités, pouvait-il tenir sur les bords de l'Elbe une autre conduite que celle qu'il avait suivie sur les bords de l'Adige ? Il était d'ailleurs bien loin de supposer que la guerre, dont le but avoué était de soustraire des Allemands à la domination danoise, devait avoir pour résultat de mettre des Danois sous la domination allemande. » Et de même, à sa non moins grande surprise, la fondation de l'unité allemande eut pour premier effet de courber des Français sous le joug prussien.

La faute de 1864, Napoléon III l'avait aggravée en 1866 en la recommençant. Il se vante, dans la brochure Gricourt, d'être resté neutre, cette fois encore, avec préméditation. Il cite cette lettre, lettre officielle et insérée au *Moniteur*, qu'il adressa à Drouin de Lhuys le 11 juin 1866, lorsque le conflit austro-allemand apparut inévitable, et où il indique clairement que pour lui la France passait après l'Italie :

En face de ces éventualités, quelle est l'attitude qui convient à la France ? Devons-nous manifester notre déplaisir parce que l'Allemagne trouve les traités de 1815 impuissants à satisfaire ses tendances nationales ?... Dans la lutte qui est sur le point d'éclater, nous n'avons que deux intérêts : la conservation de l'équilibre européen et le maintien de l'œuvre que nous avons contribué à édifier en Italie.

Il rappelle qu'après la défaite de l'Autriche et des Etats allemands du Sud, une partie de l'opinion française se retourna contre lui.

Afin de répondre à ces attaques, ajoute-t-il, l'empereur entreprit de prouver que ce n'était pas par faiblesse, *mais par conviction*, qu'il avait facilité en Europe la reconstitution des grandes nations, et il mit ses idées et ses actes sous l'invocation du grand homme qui, du haut de son rocher, avait dicté pour ses successeurs de si magnifiques paroles.

Et en effet, le 14 février 1867, à l'ouverture de la session législative, il avait cité ces paroles du testament de Sainte-Hélène comme la maxime mère de toute sa politique : « Une de nos grandes pensées a été l'agglomération, la concentration des mêmes peuples géographiques qu'ont dissous, morcelés, la politique et les révolutions. »

Le vaincu de Sedan ne craignait même pas, dans cette brochure, de rappeler qu'après Sadowa encore il s'était réjoui devoir l'unité germanique en marche. Il rappelait qu'il avait observé dans la guerre de 1866 une neutralité qui reste inexplicable si l'on ne se souvient que Napoléon III était le champion du droit des peuples. Enfin il se faisait gloire d'avoir écrit la circulaire La Valette dont nous avons déjà parlé, et où il s'applaudissait des événements qui venaient, en quelques semaines, de transformer l'Allemagne, et de faire une redoutable puissance de ce qui était, la veille encore, division et anarchie.

La politique, ajoutait Napoléon III, doit s'élever au-dessus des préjugés étroits et mesquins d'un autre âge. L'empereur ne croit pas que la grandeur d'un pays dépende de l'affaiblissement des peuples qui l'entourent et ne voit de véritable équilibre que dans les vœux satisfaits des nations de l'Europe. En cela, il obéit à des convictions anciennes et aux traditions de sa race. Napoléon Iᵉʳ avait prévu les changements qui s'opèrent aujourd'hui sur le continent européen. Il avait déposé le germe des nationalités nouvelles dans la péninsule en créant le royaume d'Italie ; en Allemagne, en faisant disparaître deux cent cinquante-trois États indépendants.

Ainsi le « droit des peuples », dont la conception hantait déjà le prétendant de Strasbourg et de Boulogne, après avoir été la *grande pensée* de son règne, survivait à toutes les catastrophes. Le testament de Wilhelmshœhe répète le testament de Sainte-Hélène. Les deux Napoléons, dans l'exil et dans la défaite, cherchaient leur excuse et leur gloire dans leur fidélité aux principes révolutionnaires. L'oncle et le neveu, Napoléon le grand et Napoléon le petit, après avoir laissé la France meurtrie, envahie, diminuée, vantaient pourtant leur œuvre qui n'avait consisté qu'à « ennoblir les peuples, à dessouiller la Révolution et à raffermir les rois », — les rois des puissances rivales. Programme qui s'est malheureusement réalisé à la lettre ! C'est ainsi que se révèle, des origines jusqu'à la chute, des coups d'État jusqu'à l'abdication, l'unité de caractère des plus mauvais chefs qu'ait jamais eus la France. Le système napoléonien souffre toutes les appellations. On peut le nommer libéral, révolutionnaire, cosmospolite, humanitaire idéaliste. L'Europe, — la vraie Europe, celle de l'équilibre et de l'ordre, — proteste qu'il n'a jamais été européen. Ses principes et ses conséquences funestes montrent assez qu'il n'eut rien de français.

Les alliances de 1870

Une grande question historique, posée par une imprudente parole de M. Émile Ollivier, a été agitée pendant la chaude saison de 1906. Pourquoi n'avons-nous pas eu d'alliances en 1870 ? Et toute une presse, d'ordinaire moins susceptible en fait de patriotisme, et où l'on n'a pas l'habitude d'entretenir le souvenir de la guerre fatale, répondait en s'appuyant sur l'autorité opportune de M. Émile Ollivier : « Nous n'avons pas eu d'alliances a cause de Rome. L'Autriche et l'Italie nous ont abandonnés à cause du *jamais* de Rouher. Le pouvoir temporel et la religion catholique ont coûté à la France l'Alsace-Lorraine et cinq milliards. »

La *Gazette de Francfort* a donné à ses lecteurs le secret de cette sensibilité patriotique et de ce zèle pour l'histoire, inconnus jusqu'ici dans la presse du gouvernement. « On ne pouvait, disait le journal allemand, rendre dans les circonstances présentes un meilleur service à l'anticléricalisme qu'en rappelant l'attention sur ces événements qui apportent une preuve saisissante du tort, que l'ultramontanisme a déjà causé à la France. » L'anticléricalisme à masque patriotique devait en effet traiter comme un utile auxiliaire l'ancien ministre de l'Empire libéral qui lui rendait ce service. L'anticléricalisme devait profiter de cette occasion pour feindre un caractère national qui ne lui appartient pas.

M. Émile Ollivier a jadis défendu par une interprétation biblique son mot fameux du « cœur léger ». Est-ce avec la même légèreté que l'auteur de tant de discours et de livres sur l'Église et sur le Concordat a apporté ce secours aux auteurs de la séparation ? Toutes les déclarations que M. Ollivier a faites à des journalistes de Rome, de Vienne et de Paris, les commentaires et les polémiques qui ont suivi ces déclarations n'arrivent pas à démontrer que la question du pouvoir temporel ait été la cause de notre isolement en 1870. Ces polémiques n'accusent pas l'« ultramontanisme ». Elles accusent, au contraire, les hommes d'État et les écrivains libéraux, et la politique étrangère de l'Empire, inspirée et approuvée par eux !

D'après M. Émile Ollivier lui-même, la Triplice projetée contre la Prusse, — France, Autriche, Italie, — n'eût pas été assez forte pour empêcher le désastre. On s'étonne dès lors que la question ait existé encore pour lui. Puis il affirme que cette alliance était défensive : or c'est la France qui a déclaré la guerre. Enfin, et c'est là qu'il faut voir la clef de toute l'affaire, il prétend que, la Prusse eût-elle commencé les hostilités, M. de Beust « eût trouvé le moyen de se dérober. », et que Victor-Emmanuel, de son côté, en réclamant « le temps nécessaire » pour mettre ses troupes sur le pied de guerre, s'était assuré d'avance une échappatoire. Nous verrons tout-à-l'heure, en effet, que la question romaine, importante pour l'Italie, ne fut pour l'Autriche qu'un prétexte. Il est avéré que l'Autriche n'agit ni franchement ni loyalement dans toute cette affaire et il semble que M. de Beust, cet ancien ennemi de Bismarck, y ait préparé les voies au rapprochement des Habsbourg et des Hohenzollern et à la politique d'Andrassy. Mais à qui la faute ? Tous les documents, toutes les confessions le disent : c'est la défection de la France en 1866, c'est la neutralité de Napoléon III pendant la guerre allemande, neutralité inspirée par le principe du droit des peuples au même titre que l'intervention de 1859, qui acheva de nous aliéner ce qui nous restait de sympathies actives en Europe. Les *Mémoires* de M. de Beust ne sont assurément pas un monument de vérité. La fourbe à chaque instant s'y découvre. Le ministre de François-Joseph y semble avoir voulu préparer l'évolution de la politique autrichienne. Il se pose comme l'homme de transition qui, de Nikolsbourg, a conduit son pays à la Triplice. M. de Beust, dans ses *Mémoires*, se défend avec insistance d'avoir jamais été un ennemi de l'Allemagne ni un partisan de la France. Il se plaît à s'y peindre en victime de Bismarck et en ami sincère de la Prusse. La Triade, la guerre de 1866, les essais de revanche de Sadowa, les appels à l'intervention française, tout cela est atténué, relégué dans le demi-jour des erreurs de jeunesse et des *tempi passati*. Mais n'est-ce pas la politique et la diplomatie de Napoléon III qui avaient eu les premiers torts envers M. de Beust ? N'était-il pas suffisamment édifié par les événements de 1866 ? Quel autre à sa place, après une pareille expérience, n'eût pris en dégoût l'amitié française ? C'est sur cette amitié que reposait toute sa politique saxonne, ses plans de résistance de l'Allemagne du Sud à l'ambition et à l'hégémonie prussiennes. Sans la France, tout s'écroulait. Et c'est ce qui arriva par la neutralité de 1866. Abandonné, contre toute attente, par Napoléon III, Beust, à défaut de rancune, sentiment auquel un politique doit être inaccessible, éprouva au moins une de ces déceptions qui abolissent à jamais la confiance.

Jusqu'au dernier moment, Beust avait compté que Napoléon, éclairé par son intérêt propre, interviendrait sur le Rhin. Le lendemain de Sadowa, il arrivait à Paris, espérant, par son action personnelle et ses objurgations, vaincre l'apathie de l'empereur. Beust rapporte qu'il représenta vainement à Napoléon III qu'il était encore temps d'éviter une faute irréparable ; qu'il suffisait de faire avancer sur le Rhin les cent mille hommes du camp de Châlons et d'envoyer sur les côtes de la Baltique l'escadre de la Manche pour que la face des choses fût changée. Napoléon III répondit à tout : « Nous ne sommes pas prêts. » Du côté de Drouin de Lhuys, qu'on disait partisan de l'intervention, Beust n'essuya encore que des refus. Il quitta Paris avec une désillusion cruelle. Il ne pouvait pas, quatre ans plus tard, l'avoir oubliée.

On peut dire de la question des alliances de 1870 qu'elle est inexistante, en ce sens que c'est en 1866 que tout s'est décidé. C'est alors que tout fut perdu. C'est alors que l'occasion qui s'était présentée de venir au secours d'une coalition toute nouée contre la Prusse fut criminellement négligée. Lorsque vint l'échéance de 1870, tous ceux que nous avions abandonnés nous abandonnèrent à leur tour. Thiers parcourut vainement l'Europe pour solliciter des interventions, pareil aux Beust, aux Perglas, aux Dalwigk, qui vainement aussi avaient demandé à l'empereur de les aider contre la Prusse et qui ne comprenaient pas que le gouvernement français se refusât à voir son intérêt. Pour rester fidèle au principe des nationalités, pour ne pas compromettre l'unité italienne par des succès autrichiens, pour ne pas nuire à l'unité allemande par le relèvement des monarchies de l'Allemagne du Sud, Napoléon III avait alors repoussé les alliances sans compter. N'est-ce pas l'un des meilleurs observateurs de ces événements, Georges Rothan, qui a écrit dans son livre sur *la Politique française en 1866* :

Au commencement de 1866, la confédération germanique, de mœurs si paisibles, ressemblait à un champ clos où tous les intérêts étaient aux prises et toutes les passions en ébullition. Les séances de la Diète se succédaient, orageuses et irritantes, les notes et les protocoles s'entre-croisaient, les ministres des petits États conféraient. Ce fut, pour l'activité et pour l'importance des cours de deuxième et de troisième ordre, un moment d'éclat qui ne devait pas avoir de lendemain, Ce furent aussi de beaux jours pour la diplomatie française. De quelles sollicitations n'était-elle pas l'objet ! Quelles confidences n'a-t-elle pas recueillies ! Si ses portefeuilles devaient s'ouvrir, on verrait quelles conversions le succès opère dans le langage et l'attitude des hommes.

Trop tard ! Il était trop tard en 1870 pour avoir des alliances. Il était trop tard pour que Napoléon III pût réparer ses fautes. Nous avions laissé échapper toutes les occasions, découragé toutes les bonnes volontés, laissé les intérêts prendre une orientation nouvelle. La dépêche d'Ems surprit la France isolée dans une Europe transformée par le principe des nationalités et où Napoléon III ne trouva plus que des rancunes et des ambitions satisfaites. Garibaldi fut seul à protester contre l'ingratitude des peuples pour qui la France avait travaillé. Le geste était beau, mais on vit qu'il était plus aisé de conquérir la Sicile que de tenir tête à Manteuffel.

Les déclarations de M. Émile Ollivier ont ainsi pendant plusieurs mois alimenté la polémique anticléricale. Elles ont servi à répandre cette opinion, que le pouvoir temporel des Papes a causé nos désastres de 1870, et que le catholicisme est directement responsable du sang versé et des provinces perdues. Ce qui revient à dire que ces malheurs nous fussent également arrivés par la faute de tout autre gouvernement, — la monarchie de Henri V par exemple, — semblablement intransigeant sur la question romaine, et qu'au contraire, une politique libérale et franchement amie de l'unité italienne nous les eût certainement évités.

153

À cette contre-vérité, à cette atteinte au sens commun, il ne faut pourtant pas méconnaître que la confusion où tomba finalement la politique extérieure de Napoléon III apporte quelque vraisemblance. « À l'approche de l'heure décisive, dit très bien M. de la Gorce, l'historien du second Empire, la politique française se complique au point d'échapper à l'analyse. » Devant le péril soudain apparu, ce fut la déroute de tous les principes napoléoniens. On essaya de revenir à la politique de la tradition, qui était la politique du bon sens. Mais la réaction, déjà tardive, fut encore incomplète et maladroite. L'empereur, toujours attaché à ses chimères, entrait à contre-cœur et sans conviction dans des considérations nouvelles pour lui. Ses agents, ses ministres, formés à son école, servant depuis longtemps son système, exécutaient avec mollesse des ordres qui bouleversaient les manières de penser adoptées jusque-là. L'avènement de l'Empire libéral avait encore aggravé la confusion. Ce singulier régime qui, à ses débuts, était conservateur en France et libéral à l'étranger, abandonnait sa politique révolutionnaire au dehors au moment où il faisait dans le pays des concessions aux éléments libéraux. Il renversait la bascule et tâchait de satisfaire l'opinion de gauche par des réformes, tandis que par sa nouvelle politique étrangère il contentait l'opinion de droite. Que devenir entre les engagements pris, les attitudes adoptées, les habitudes acquises et les nécessités nouvelles qui s'imposaient tout à coup ? Le désordre qui régnait dans l'esprit et dans les conseils du souverain se traduisit par des incohérences, des fausses manœuvres, des maladresses. L'affolement augmentait de se sentir observé par un ennemi patient et de sang-froid. C'est alors que les dernières fautes furent commises.

On a voulu faire croire qu'au prix de Rome nous aurions trouvé les alliances qui nous ont manqué. Cette thèse a pour elle le prince Napoléon qui est suspect, Beust qui savait mentir, et Rothan qui a pu se tromper. Elle a été reprise au moment des déclarations de M. Ollivier par un professeur de la Sorbonne, M. Émile Bourgeois, l'auteur d'un célèbre *Manuel historique de politique étrangère* où tous nos apprentis diplomates et élèves-consuls préparaient leurs examens. M. Emile Bourgeois a donné au journal *le Temps*, sur les alliances de 1870, une longue consultation complétée peu après par un article de revue. Chose singulière, dès qu'on va au fond de ces études, on y découvre cette passion religieuse pour le droit des peuples et le principe des nationalités qui désarmait, sous l'Empire, l'opposition des libéraux et des révolutionnaires conscients. Loin de blâmer la politique napoléonienne, on répète que nous devions voir sans jalousie, que nous devions même aider jusqu'à leur développement intégral, l'unité italienne et l'unité allemande, ces deux sœurs cadettes de l'unité française. Toute autre vue eût été mesquine et indigne d'une grande nation. Et c'est d'ailleurs, ajoute-t-on, du jour où Napoléon III trahit cette politique libérale et généreuse, du jour où il tenta de s'opposer aux progrès de la Prusse et à l'ambition légitime de la maison de Savoie, que, par l'effet de là justice immanente, commencèrent pour lui et pour la France la décadence et les défaites.

Ainsi, ce sont les illusions de Quinet, de Havin, de John Lemoine, illusions qui furent aussi celles de Napoléon III, et que l'on croyait jugées et condamnées par l'événement, que toute cette campagne réhabilite et remet en honneur. On ne nous dit même pas que revendiquer le Rhin, défendre Rome, interdire à jamais aux Hohenzollern de poser leur candidature au trône d'Espagne était une inconséquence après qu'on avait fait Magenta et Solférino, assisté inerte à Sadowa, prêté la main à l'avènement de Charles de Hohenzollern au trône de Roumanie. On reproche autre chose à Napoléon III : son vrai crime fut de s'arrêter dans la voie où il avait persisté ; même une fois Sadowa accompli, et, après avoir bien mérité de la Révolution en prenant les armes en 1859 contre l'Autriche réactionnaire, en la laissant écraser en 1866 avec les antiques monarchies de l'Allemagne du Sud, de s'être conduit en hypocrite, en apostat et en traître du jour où il songea à la France et à l'intérêt français.

Loin de blâmer la participation de Napoléon III à l'unité italienne, les représentants des idées révolutionnaires l'accusent de ne pas avoir achevé son œuvre en abandonnant « Rome aux Romains ». L'erreur, l'erreur fondamentale, l'erreur sans nom fut pourtant de constituer un royaume uni, un ennemi possible, un rival certain, à l'endroit où le morcellement des territoires assurait à la fois notre influence et notre tranquillité. La campagne de 1859 ne fut même pas une de ces opérations inutiles et brillantes que l'on nommait autrefois guerres de magnificence. Ce fut une opération faite par nous contre nous-mêmes, un gaspillage de vies et de forces d'autant plus criminel que le sang français dépensé à Magenta et à Solférino ne servit qu'à préparer de plus grands deuils, et de plus grandes tueries. Toutes les catastrophes futures se préparèrent sur ces champs de bataille où nos troupes versèrent le meilleur sang français pour les rêveries carbonaristes et les hallucinations du testament de Sainte-Hélène. Trente-cinq années d'entraînements d'armement et de bonne administration sous les deux monarchies avaient donné à la France une armée magnifique. Tout cela fut employé contre la patrie. Tout cela se trouva gaspillé au profit de l'étranger lorsque vint l'heure où tant de ressources auraient dû servir. Dans cette malheureuse guerre d'Italie, nos soldats furent vainqueurs contre les intérêts de la France elle-même.

Deux hommes, en Europe, avaient prédit ce que l'Italie coûterait à la France. L'un était le vieux prince de Metternich, qui assistait avec tristesse au naufrage de son grand œuvre, l'ordre européen. « Napoléon III réussit, », disait donc Metternich en 1858. « Il a encore de belles cartes dans son jeu. Mais il périra comme empereur révolutionnaire sur l'écueil italien. » Cependant Bismarck, voyant avec plaisir l'Empire commettre des fautes qui devaient profiter à la Prusse, disait en parodiant le mot de Voltaire : « Si l'Italie n'existait pas, il faudrait « l'inventer. »

La question des alliances de 1870 ne se fût même pas posée si la France eût toujours et avec esprit de suite protégé le Saint-Siège, c'est-à-dire fait respecter le statut territorial de l'Italie et conservé, comme le conseillait Proudhon, au lieu de l'attaquer, l'ordre de choses si prudent, si tutélaire, créé en Italie par les traités de 1815. Les idées révolutionnaires et napoléoniennes portèrent le premier coup dans ce bel édifice. L'évidence de l'intérêt français, apparue à de rares grands esprits, ne se révéla que trop tard aux utopistes. Il n'était plus temps de bien faire. Et, même en faisant bien, l'Empire parut encore se tromper et ajouter des fautes nouvelles à ses fautes primitives. Mais que, dans ces conditions, l'occupation de Rome ait été le motif déterminant de notre isolement, et, par conséquent, de notre défaite en 1870, cela n'est même pas exact.

En ce qui concerne l'Italie, eussions-nous donné Rome à Victor-Emmanuel pour obtenir son concours, quelle sorte d'avantage pouvait-elle tirer d'une guerre avec l'Allemagne ? Et qui ne pressent qu'une fois en possession de la Ville, elle se fût dégagée de sa promesse d'alliance aussi aisément qu'elle le fit, en somme, aux premières nouvelles de nos défaites d'août, puisqu'on était déjà convenu d'un accord ? Qui peut se flatter de contraindre à se battre un peuple qui n'a ni goût ni intérêt à faire la guerre ? Et les partisans de la politique impériale ne seraient-ils pas fondés à prétendre qu'il était d'une suprême habileté de laisser irrésolue la question romaine, afin de déterminer Victor-Emmanuel à se joindre à nous dans l'espoir d'être récompensé plus tard, grâce à l'arbitrage de la France, par une transaction sans violence avec la Papauté ? Quand on nous aura dit la raison que l'Italie aurait eue, possédant la Ville, de faire la guerre à la Prusse, on pourra admettre que Rome ait perdu la France. Mais l'Italie de 1870 n'avait besoin que de sa capitale. Dès qu'elle l'eut, elle prouva que la reconnaissance est un facteur politique sur lequel il est prudent de ne pas compter. Répéterons-nous qu'il eût été plus simple de ne pas commencer par faire l'Italie ? Mais les publicistes et les politiques de gauche tenaient pour incontestable et démontré que l'unité italienne était un événement favorable à la France, et que nous devions la soutenir jusqu'au bout.

Il tombe cependant sous le sens qu'ayant fait l'Italie contre l'Autriche, nous la faisions, par la force des choses, contre nous-mêmes. L'Autriche était notre alliée naturelle et désignée contre les progrès de la Prusse. Tout ce qui l'affaiblissait retombait sur la France.

L'Autriche, qui toujours su, par politique, accepter des situations pénibles, eût encore volontiers passé l'éponge sur les souvenirs de Magenta et de Solférino, sur l'amertume de l'abandon de 1866. Mais nous venions de créer contre elle une puissance qui avait toutes les ambitions de la jeunesse. L'Autriche se sentait déjà menacée, comme le constate le mémoire de M. Émile Bourgeois lui-même, dans le Tyrol, en Dalmatie, à Trieste. Son rôle en Italie, était terminé depuis notre intervention. Elle n'était plus de force à se montrer énergique dans la question romaine, à soutenir le pouvoir temporel, seule pièce subsistante du système aboli des souverainetés italiennes. Elle courait au plus pressé et abandonnait le Saint-Siège, ayant d'abord ses frontières à défendre. À qui la faute, sinon aux amis français de l'Italie une, acharnés à affaiblir une puissance catholique qui n'avait plus d'intérêts opposés à ceux de la France depuis qu'elle avait cessé d'être le premier État de l'Europe et de prétendre à l'hégémonie et à la domination ?

On croit répondre à tout en montrant les documents qui attestent que l'Autriche mettait pour condition à son alliance, en 1870, l'évacuation de Rome par les troupes françaises. On ne songe pas à nier cela, puisque les archives diplomatiques l'affirment. Encore s'agit-il de l'expliquer. Que l'on nous dise donc, ce que personne n'a fait jusqu'ici, l'intérêt que pouvait avoir le gouvernement autrichien à épouser la cause des anticléricaux et des révolutionnaires italiens. Pour quelle raison l'Autriche aurait-elle consenti à s'unir à la France à condition seulement que son ennemie de la veille, la Maison de Savoie, déjà agrandie à ses dépens, reçût encore ce cadeau sans égal : la Ville éternelle ? Il n'est pas possible d'attribuer à l'Autriche catholique un motif suffisant de se conduire en ennemie du Saint-Siège. Reste une hypothèse qui s'accorde avec tous les faits connus : c'est que l'Autriche, insuffisamment préparée à la guerre contre la Prusse, sachant la France aussi peu préparée qu'elle-même, choisit, pour échapper à la nécessité de faire une campagne dont elle prévoyait les résultats funestes, le prétexte le plus sûr. La France avait déclaré Rome intangible. Le gouvernement impérial avait dit « Jamais ». L'Autriche ne courait donc aucun risque en mettant comme condition à son alliance l'abandon par là France de ses engagements les plus solennels. Tous les documents, tous les témoignages connus, sont en faveur de cette hypothèse. On sait aujourd'hui que, durant les mois qui précédèrent la guerre de 1870, l'Autriche refusa constamment de donner satisfaction à Napoléon III qui réclamait d'elle des armements immédiats. Assagie par l'expérience de 1866, elle ne voulait engager la lutte qu'après avoir mis toutes les chances de succès de son côté. Or elle connaissait son infériorité par rapport aux institutions militaires de la Prusse. Elle connaissait aussi la nôtre. *Le Temps* a justement publié sur ce sujet un curieux témoignage du colonel Fix. Le colonel Fix, ancien aide de camp du général Jarras, se souvient qu'au moment où les diplomates nouaient ces négociations, l'archiduc Albert vint en France afin de se rendre compte par ses yeux de la valeur de l'alliance proposée à l'empereur François-Joseph. Le colonel Fix se rappelle fort bien que l'impression du vainqueur de Custozza fut franchement mauvaise. On ne répondait que par des paroles vagues, et des affirmations de bonne volonté qui le satisfaisaient mal, aux interrogations de l'archiduc. Celui-ci trouvait une armée désorganisée et des approvisionnements affaiblis par l'expédition du Mexique. Il cherchait en vain cet organe du commandement et de la préparation à la guerre qui ne se trouve réalisé que par « un état-major général à compétence étendue et à influence prépondérante, agissant sous l'impulsion d'un seul chef ». Le colonel Fix vit l'archiduc visitant le dépôt de la guerre. « C'était, dit-il, un homme à lunettes, de tournure simple et modeste, qu'on n'eût vraiment pas pris pour le vainqueur de Custozza. » L'archiduc, ajoute le colonel Fix, écoutait tout ce qu'on lui disait « d'un air poli, niais avec la figure d'un homme qui espérait voir quelque chose de plus intéressant et se trouve déçu. Plusieurs d'entre nous étaient présents. *Nous nous sentîmes navrés, surtout moi.* » Le colonel Fix eut donc sur le vif l'impression que l'Autriche nous refuserait son concours parce que nous n'étions pas nous-mêmes en mesure de lui apporter une aide d'une efficacité suffisante. C'est pourquoi il ajoute à son témoignage ce très exact commentaire :

Lorsque le grand homme de guerre rapporta à son gouvernement qu'il avait vu une armée réduite en nombre, insuffisamment préparée et dirigée, celui-ci préféra à l'essai dangereux d'une revanche désirée, le parti plus sûr d'une neutralité dont la sympathie apparente a toujours mérité d'être suspecte. Et ce fut là la cause déterminante et probablement unique de notre isolement.

D'ailleurs, des communications nouvelles vinrent encore, pendant ces polémiques, détruire le roman d'une Autriche anticléricale. Le comte Fleury, fils de l'ancien ambassadeur de France à Saint-Pétersbourg en 1870, complétait des faits déjà rendus publics par son père. Le général Fleury avait pu constater de ses yeux que la Russie considérait qu'une guerre malheureuse pour la France lui apporterait sans coup férir la revanche de la guerre de Crimée. En effet, elle devait, au cours de nos défaites, dénoncer le traité de Paris. C'est pourquoi le tsar Alexandre et Gortschakoff avaient été tout à fait favorables à la Prusse dans les mois qui précédèrent la guerre. Ils étaient décidés, au cas ou l'Autriche interviendrait à intervenir eux-mêmes. L'intimidation russe, d'autant plus puissante que les liens entre Pétersbourg et Vienne étaient plus étroits, ne fut pas non plus sans peser sur la détermination de François-Joseph et de M. de Beust. Nous expiions ainsi une des erreurs de Napoléon III, une des fautes originelles de ce règne, d'un bout à l'autre absurde et funeste.

En même temps que ces témoignages français, arrivait au public celui d'un survivant des temps héroïques de l'indépendance italienne. Le général Türr, qui fut si souvent l'intermédiaire entre Victor-Emmanuel et Napoléon III, a rétracté, dans la *Tribuna* de Rome, l'opinion qu'il avait émise, il y a une trentaine d'années, sur la cause de l'isolement de la France en 1870. Alors, il soutenait que Rome donnait l'explication de notre abandon et de notre défaite. Depuis, le général Türr paraît s'être rendu compte que c'était là non pas une thèse d'homme d'État ou d'historien, mais une thèse de polémiste. L'agence Havas résumait en ces termes les déclarations du général Türr :

Aujourd'hui, le général Türr dit que les intrigues de la Prusse et de l'Angleterre rendirent impossible l'alliance franco-austro-italienne. L'Angleterre fomenta l'affaire d'Aspromonte, la Prusse suscita l'affaire de Mentana pour créer un courant anti-français en Italie. Il est regrettable que l'Italie n'ait pas aidé la France contre la Prusse en 1870 ; cela lui aurait évité la Triplice, dont elle ne tira aucun avantage qui en compensât les charges.

N'y a-t-il pas dans ce regret comme une sorte de désaveu de la politique anticléricale qui caractérisa la première manière de la nouvelle monarchie et un prolongement de cette politique, encore timide, sinon de réconciliation, au moins de cessation d'hostilités, qui s'établit entre le Quirinal et le Vatican ?

Enfin, une nouvelle communication de M. Émile Bourgeois lui-même apportait une preuve inédite et nouvelle en faveur de nos explications, qui sont celles du bon sens. Dans cette note, où M, Émile Bourgeois s'inscrit en faux contre certaines affirmations de M. de Gramont, il publie pour la première fois ce document important : une dépêche adressée à M. de Rémusat le 5 janvier 1873 par M. de Banneville, ambassadeur de France à Vienne. On y lit entre autres choses :

Personne n'ignore ici qu'en 1869 et au début de 1870 le ressentiment des événements de 1866 était très vivace dans le cœur de l'empereur François-Joseph et que, plus que lui encore, les princes de sa famille et beaucoup de patriotes autrichiens ne se résignaient pas à considérer comme définitives les conséquences de ces événements. La politique de M. de Bismarck, la persistance, le redoublement, l'activité des armements et les perfectionnements incessants de l'organisation militaire en Prusse en dehors des Chambres et du pays, trahissaient d'ailleurs des desseins bien arrêtés et la préméditation d'une nouvelle guerre. Il était naturel que la perspective d'événements nouveaux qui pouvaient modifier l'état de choses créé en Europe par ceux de 1866 fût envisagée à Vienne, non seulement sans préoccupation, mais avec une certaine complaisance et avec la pensée d'une revanche possible,

L'archiduc Albert fut en France, en 1870, le représentant le plus autorisé de cette pensée. On se flattait, l'occasion venue, si l'on ne triomphait de la résistance des ministres hongrois, d'en être quitte pour un changement de ministère et d'entraîner facilement la Hongrie où il existait des sympathies pour la France.

La guerre jugée inévitable, mais à une époque indéterminée et que l'on pouvait différer, *fut précipitée contrairement aux prévisions, aux calculs* et aux conseils de l'Autriche, qu'elle surprenait en état de préparation incomplète. *Encore fallut-il nos premiers revers* pour arrêter court ces velléités que notre précipitation et notre imprévoyance n'avaient pas entièrement découragées.

163

« Si au moins, me disait il y a deux jours M. de Beust, vous étiez entrés résolument et immédiatement en Allemagne, malgré l'insuffisance de vos forces et de vos préparatifs, tout pouvait changer, pour nous comme pour les autres. » Après les grandes défaites et les revers irrémédiables, après Sedan et Metz, à la fin de l'année, il existait encore à Vienne un groupe d'hommes considérables, parmi lesquels le ministre de la guerre d'alors et d'aujourd'hui, le général Kuhn, persistant à conseiller la marche militaire sur Berlin, « Une armée de 150,000 hommes, disait-il, y aurait suffi et au delà. » On aurait trouvé en Allemagne l'appoint de 300.000 prisonniers de guerre français, et, quant à la Russie, on la tenait pour hors d'état de réaliser ses menaces.

Après ce document, ajouté à tant d'autres, n'est-on pas fondé à penser que l'Autriche n'a soulevé la question romaine que comme un moyen dilatoire ? Il était dangereux pour elle de faire une nouvelle guerre à la Prusse, en état de préparation incomplète, avec un allié également mal préparé, la France, et un autre allié à la fois peu sûr et sur lequel, au point de vue militaire, elle avait des raisons d'être édifiée. Si M. de Beust a deviné la suite des événements, on peut dire qu'il a été singulièrement bien inspiré en choisissant la question romaine comme prétexte de la neutralité autrichienne. Peut-être a-t-il jeté ce jour-là les bases de la Triple-Alliance : il contenait à la fois Bismarck en n'intervenant pas et Victor-Emmanuel en lui offrant Rome. Admettons que Napoléon III (ou un autre gouvernement à sa place) eût accepté l'évacuation de Rome contre le concours de l'Autriche. N'est-il pas évident que, par prudence, l'Autriche eût encore trouvé un autre prétexte pour se dérober ?

Il n'est pas à nier que la question romaine ait exercé son influence sur les événements de ces années fatales. Comment le nierait-on ? Mais a-t-elle eu un autre rôle que l'affaire du Luxembourg ou l'affaire des Duchés ? Elle ne fut, à la vérité, comme ces deux « affaires », qu'un prétexte, à défaut duquel il était aisé d'en trouver un autre. Les véritables responsabilités de 1870 ne sont pas là. Elles sont dans la politique napoléonienne, dans la politique du principe des nationalités, approuvée par tous les hommes de gauche, approuvée aujourd'hui encore par les historiens républicains. Loin que le Saint-Siège ait causé nos revers, tout démontre que s'il avait, été mieux défendu, avec plus de système et d'esprit de suite, nos destinées, comme celles de l'Europe, eussent radicalement changé. Une grande politique conservatrice, une politique de droite suivie avec un ferme dessein empêchait les transformations allemandes et italiennes, réparait les désastres du premier Napoléon, achevait l'œuvre de nos rois et l'effort de plusieurs siècles, en donnant à la France ses frontières naturelles : Charles X est tombé au moment où il allait étendre le royaume sur la rive gauche du Rhin.

On n'arrivera pas à démontrer que les idées contre-révolutionnaires aient jamais nui à la France. Dans cette question des alliances de 1870 encore, à défaut des documents qui ne manquent même pas, le sens commun atteste que l'intérêt français, loin de lui être contraire, était solidaire de celui du Saint-Siège. On peut dire que si Rome était encore cité pontificale, le drapeau français n'eût pas cessé de flotter à Strasbourg. Tant il est vrai que tout ce qui se fait contre le catholicisme se fait contre la France, — et réciproquement.

Les difficultés de l'unité allemande

Si, au mois de janvier 1870, on avait annoncé à un homme d'État autrichien ou français qu'un an plus tard l'unité allemande serait chose faite, aurait-on seulement été pris au sérieux ? L'Allemagne était une poussière d'États et ces Etats venaient de se battre. Chacun avait ses habitudes, ses mœurs, ses besoins. Chacun avait des princes jaloux de leur indépendance et qui ne montraient qu'un goût modéré pour la médiatisation. Les populations détestaient généralement la Prusse, qui signifiait pour elles bureaucratie et caserne. En outre, les puissances voisines avaient un égal et même intérêt à perpétuer l'émiettement. Tout conspirait donc à laisser croupir l'Allemagne dans ce qu'un historien à nommé le « marais germanique ». Et cependant, en peu de mois, l'unité s'est faite, sous sa forme définitive, celle qui dure encore à présent et qui paraît solide.

C'est un scandale pour la pensée. On ne peut s'empêcher, chaque fois qu'on revient sur ces événements, de refaire l'histoire. Et l'on reconnaît alors qu'entre toutes les choses qui ne devaient pas arriver, entre toutes les choses qu'on pouvait empêcher d'un mot presque d'un signe, la constitution d'un Empire allemand était certainement la plus fragile. Et c'est ce dont un historien a apporté encore la preuve en faisant l'exposé des difficultés de toute sorte que la Prusse rencontra jusqu'à la dernière heure. C'est une curieuse page d'histoire et qui mérite d'être connue chez nous.

En 1866, après les défaites de l'Autriche et de ses alliés, le baron de Varnbüler, ministre des Affaires étrangères du roi de Wurtemberg, s'écria : *Voe victis !* C'était le mot de la situation. La Prusse, bureaucratique et caporalisée, et pour cela haïe et redoutée des paisibles Allemands du Sud, eut désormais le prestige des plus forts et devint par ses victoires mêmes et la modération avec laquelle elle en usa, le fondé de pouvoir du patriotisme allemand. On ne peut nier qu'un fort courant portait l'Allemagne vers l'unité, mais ce n'était pas un phénomène nouveau. Et il était si naturel, depuis si longtemps pressenti et redouté, que la politique des Empires voisins, et principalement celle de « l'ennemi héréditaire », avait jusque-là consisté à le détourner et à le diviser. C'est d'ailleurs une œuvre admirable que celle de Bismarck qui réussit à faire passer ce courant unitaire dans le moulin des Hohenzollern. Certes, après 1866, le sort en était jeté. Il eut fallu un immense effort pour conjurer ce qui devint l'inévitable après avoir été si longtemps l'improbable. Mais il aurait suffi de si peu pour changer les destinées de là France et de l'Europe, précisément avant cette date de 1866 ! Tout ce qui s'est passé en 1870 encore suffit à le montrer.

Durant les multiples négociations que Bismarck avait dû ouvrir avec les gouvernements particuliers dès qu'il avait été assuré du succès de ses armes en France, le chancelier se montra constamment soucieux, et incertain de la tournure, que les choses allaient prendre. « Je suis dans une extrême inquiétude », avouait-il un jour devant ses familiers. « Nous nous balançons sur la pointe d'un paratonnerre. Si nous perdons l'équilibre que j'ai eu tant de peine à établir, nous sommes précipités. »

Cet équilibre, il faillit le perdre dix fois entre septembre 1870 et janvier 1871. Il faudrait un volume pour écrire l'histoire de ces intrigues et de ces tractations. Il en faudrait un autre, qui ne serait pas sans pittoresque, pour peindre ces cours, petites ou grandes, entre lesquelles se nouait la résistance contre la Prusse et l'unité. Quelles ruses, quelles flatteries, quelles menaces Bismarck ne dut-il pas employer pour amener les princes à faire le sacrifice d'une partie de leur souveraineté !

Plus encore que la Bavière, c'est peut-être le Wurtemberg qui inquiéta le chancelier. Déjà, au mois de juillet, lorsque, suivant les conditions du pacte fédéral, le prince Frédéric-Charles avait fait dans l'Allemagne du Sud sa tournée d'inspection militaire, il avait bien remarqué à Stuttgart, et noté dans son journal intime, l'attitude compassée et gênée du roi et de la reine. C'est peut-être en effet le roi de Wurtemberg qui souffrit le plus de la *capitis deminutio* que lui infligeait l'unité. Louis de Bavière lui-même, si peu empressé qu'il se montrât, avait plus de résignation. Surtout, il manquait trop de volonté pour entreprendre d'échapper à l'enveloppement prussien. Sa tactique — ou plutôt celle de ses ministres — consista seulement à ne pas se laisser complètement « avaler » et à sauver le plus possible des apparences de la souveraineté. Mais jamais Louis II n'eût osé ce que fit seul le roi de Wurtemberg.

Le 11 novembre, les deux délégués wurtembergeois, Suckow et Mittnacht, recevaient à Versailles une dépêche du roi les rappelant à Stuttgart et leur faisant défense de poursuivre aucune négociation avant d'avoir reçu des instructions formelles et personnelles. « En apprenant cette nouvelle, dit l'historien, Bismarck affecta de rester serein, mais son inquiétude était grande. Ce coup porté contre lui à l'improviste, et dans l'instant où tout semblait fini, anéantissait son œuvre. Le marin sombrait sur un écueil caché au moment d'entrer au port. » Et, les jours qui suivirent, Bismarck, tant sa contrariété était vive et son bouleversement profond, changea d'humeur, finit même par tomber malade et par prendre le lit.

Le roi de Wurtemberg n'avait risqué une rupture qu'en se retranchant derrière le gouvernement bavarois. La Bavière, qui avait figure de puissance, et, qui mieux est, de puissance catholique et voisine de l'Autriche, pouvait, devait même, quelle que fût la timidité de son gouvernement, dicter ses conditions à la Prusse. Une intrigue sérieuse paraît avoir été nouée a ce moment-là entre Munich et Stuttgart. Car les exigences de la Bavière furent soutenues par ses plénipotentiaires avec plus d'énergie et d'insistance que jamais à partir de ce 11 novembre. L'historien allemand décrit ainsi la situation grave où Bismarck se trouvait à cette date :

Depuis que le Wurtemberg lui avait cassé dans la main, Bismarck se voyait dans la nécessité plus pressante que jamais de gagner la Bavière à quelque prix que ce fût. L'importance du télégramme de Stuttgart paraît plus considérable encore, si, l'on examine la situation générale qui devait obliger Bismarck à faire des avances à la Bavière.

Ce furent les semaines les plus remplies d'angoisse que le chancelier vécut devant Paris. L'arrêt des progrès du siège avait naturellement fait impression au dehors. Il semblait que le terme des victoires allemandes fût marqué. Au quartier général, le dissentiment entre partisans et non-partisans du bombardement était tout à fait aigu. Et, en même temps qu'il était occupé à se débattre avec les envoyés bavarois, Bismarck devait circonvenir le roi Guillaume pour obtenir de lui l'ordre de poursuivre énergiquement les travaux du siège. À ces circonstances s'ajoutèrent encore les complications, si inopportunes pour lui, que créait la dénonciation par la Russie du traité de Paris de 1856. C'est à ce moment que, dans les négociations de paix entamées avec Thiers, il laissait entrevoir la possibilité que l'Allemagne renonçât à l'annexion de Metz. Et c'est juste à ce moment que lui apparut la grandeur du danger que présentaient la levée en masse et la résistance des provinces françaises. C'est le 9 novembre en effet qu'avait eu lieu la bataille de Coulmiers, première victoire indiscutée des armes françaises dans toute la campagne, et qui avait obligé von der Thann à reculer.

Mais, de toutes ces complications mêmes, de tous ces embarras de Bismarck, la France ne fut pas en état de profiter. Le chancelier s'aperçut que la fortune commençait à tourner. Il s'empressa de donner le coup de barre nécessaire. Avec des concessions à la Bavière, il savait que tout pouvait s'arranger. Il s'y résigna donc. Mieux valait laisser à la Bavière son armée, sa diplomatie, son timbre et le casque à chenille que de risquer de voir tout le Sud revenir sous l'influence autrichienne. Il ne tarda pas à recueillir le fruit de son sacrifice. La Bavière redevint traitable. Et, son assentiment acquis, les autres États, bon gré mal gré, suivirent.

Busch, le naïf et précieux confident de Bismarck, a décrit en ces termes la satisfaction de son chef lorsque fut enfin conclu l'arrangement avec les délégués du roi Louis :

Vers dix heures, raconte Busch dans son *Journal* à la date du 22 novembre, je suis descendu pour le thé. Le chef était au salon avec les trois plénipotentiaires bavarois Au bout d'un quart d'heure il entr'ouvrit la porte, avança la tête d'un air content et, voyant qu'il y avait encore de la compagnie, s'avança vers nous, un verre à la main, et prit place à table. — « Enfin, le traité bavarois est terminé et signé ! — dit-il avec émotion — l'unité allemande est faite, et l'empereur aussi !… »

Le fidèle Busch ajoute qu'à ce moment il s'empara de la plume qui avait servi à, signer ce traité historique. Puis il reprend sa sténographie :

— « Apportez-nous encore une bouteille de ce champagne-ci, dit le chef au domestique. C'est un événement. » Puis, après quelques instants de silence, il ajouta : « Les journaux ne seront pas contents, et celui qui écrira un jour l'histoire à la manière ordinaire pourra blâmer notre accommodement. Il dira : l'imbécile aurait pu demander davantage. Il l'aurait obtenu et il aurait bien fallu que les autres en passassent par là. Il pourrait bien avoir raison en disant qu'il aurait fallu. Mais moi j'avais plus à cœur qu'ils fussent intérieurement satisfaits de la chose. Qu'est-ce qu'un traité quand on le fait parce qu'il faut ?… Et je sais, moi, qu'ils s'en sont allés satisfaits. Je n'ai pas voulu les mettre à la torture ni exploiter la situation. Le traité a ses lacunes, mais il n'en est que plus solide. Je le compte parmi les résultats les plus importants auxquels nous soyons arrivés dans ces dernières années. »

Toute la satisfaction de Bismarck, tout son soulagement, éclatent dans cette dernière phrase. Le reste, ce sont des prétextes et des excuses pour lui-même et pour la galerie. La vérité est qu'il eût bien mieux aimé ne pas faire tant de concessions à la Bavière ni à personne. Plus tard, il assura lui-même que ces, concessions étaient une « fêlure dans l'unité ».

Cette unité, en effet, était chose si extraordinaire, si invraisemblable, que Bismarck ne la trouvait jamais assez solide. Il se souvenait des peines qu'elle lui avait coûtées. Il savait qu'avec un peu de clairvoyance et de décision, qu'avec un pouvoir sérieux et occupé de son intérêt le plus évident, la France aurait pu maintenir l'Allemagne dans son chaos. Bismarck ressemblait à ces gens qui n'en croient pas leur bonheur.

Il se souvenait qu'il avait tremblé jusqu'au dernier jour, jusqu'à l'heure même du triomphe. Au comte Frankenberg partant pour annoncer au Parlement le résultat des pourparlers avec les États du Sud, il faisait cette recommandation : « Surtout, tenez ferme à Berlin ! Si nous n'installons pas cette fois pour de bon l'unité, c'en est fait pour des années. » Bismarck se souvenait aussi qu'à la veille de la proclamation de l'Empire un principicule faisait encore des difficultés : le prince

Henri XXII de Reuss déclarait ne reconnaître le titre d'empereur au roi de Prusse que comme « une décoration et pour désigner la dignité de chef de la confédération et l'exercice des droits de présidence ». Bismarck enfin n'avait pas oublié que jusqu'au soir du 18 janvier, jusque dans la galerie des Glaces de Versailles, où l'Empire fut proclamé, il avait tremblé que tout échouât, tant il avait dû accorder d'intérêts, de rivalités, d'amours-propres, de traditions et d'influences qui auraient rendu sa tâche difficile, sinon impossible, et qui auraient pu, du moins, changer le caractère et compromettre là solidité de son œuvre, s'il eût trouvé devant lui une autre France que celle de la République et de Napoléon III.

Appendices

Mᵍʳ Vallet a donné dans *le Correspondant* du 10 mars 1905 le récit d'une conversation qu'il eut l'heureuse chance de tenir avec Bismarck dans l'été de 1879, au cours d'une saison à Gastein, — une ville d'eaux où le sort de l'Europe moderne a été agité et décidé plus d'une fois pendant le XIXᵉ siècle. — Bismarck préparait alors un changement de front dans sa politique religieuse. Il méditait de cesser le Kulturkampf et de s'accorder avec Rome, et il n'était pas fâché que le hasard de sa villégiature lui donnât l'occasion d'exposer ses intentions et ses idées devant un ecclésiastique dont la dignité l'assurait que ses paroles seraient comprises et rapportées en haut lieu. Bismarck, parlant de choses et d'autres, de l'état de l'Europe, des tendances de l'Allemagne, de l'avenir de la France, déclara tout à coup, avec cette brusquerie qui lui était propre, à son interlocuteur qui venait de prononcer le nom de la République :

— *Pour faire quelque chose, la France a besoin d'un gouvernement stable ; il lui faut une monarchie... Moi, si j'étais Français, je serais carliste.*

— *Carliste, pour le comte de Chambord ?*

— *Oui, oui, c'est ce que je veux dire : légitimiste. Il faut toujours défendre la Monarchie légitime...*

Mᵍʳ Vallet redit ces paroles telles qu'il les avait entendues, et notées dès la conclusion de l'entretien, afin de les faire connaître à Rome. On y retrouve la voix, la pensée même de Bismarck. Quelle admirable contre-épreuve ! Nous avions appris déjà, par Bismarck lui-même, par ses affirmations et ses explications non déguisées, qu'il avait jugé meilleur pour l'intérêt prussien que la France demeurât en République. Mais il savait aussi se placer au point de vue de l'intérêt français, lui dont toute l'activité était au service de l'intérêt allemand. Et ce point de vue là était complémentaire de l'autre. Bismarck avait vu si juste pour le bien de son pays et de son œuvre, il avait si profondément calculé et comparé les avantages que lui vaudrait une démocratie dans la France vaincue, il y avait donné la main avec une telle réflexion et une si nette conscience, qu'il était capable de l'effort d'abstraction nécessaire pour se mettre, si l'on veut bien pardonner l'expression, dans la peau des Français et avouer que leur intérêt voulait juste le contraire de ce qu'ils avaient adopté sous sa contrainte. Le mot célèbre du duc de Broglie accompagne et commente à merveille celui que rapporte Mgr Vallet : « Puisque M. de Bismarck trouve que la République est une si bonne chose, que ne la prend-il pour son pays ? »

Il semble qu'il soit difficile de conserver désormais le moindre doute sur ce sujet. La clairvoyance de Bismarck étant admise, son génie reconnu, sa haine et sa crainte de la France peu niables, tous ses actes, tous ses écrits, toutes ses paroles, touchant le régime de notre pays, doivent au moins éveiller l'attention des patriotes. Il est difficile d'être plus conséquent avec soi-même que ne le fut Bismarck sur ce point. Le témoignage de Mgr Vallet s'ajoute à toutes les preuves que nous en possédions déjà.

Bismarck fit, d'ailleurs, d'autres déclarations, qui ont leur intérêt, durant cet entretien avec l'éminent ecclésiastique. Il lui parla surtout, comme nous venons de le dire, de faire sa paix avec les catholiques allemands. Il lui déclara avec une franchise vraiment admirable et digne d'un grand politique : « J'ai dit et on l'a beaucoup répété : Je n'irai pas à Canossa. Eh bien ! j'irai à Canossa, car je veux un Concordat. » Cela est d'un fort et qui ne craint pas de se démentir lorsqu'il y a un grand intérêt en jeu.

Dans les paroles que Mgr Vallet a si heureusement transcrites, non seulement pour Rome, mais aussi pour le public qui sait lire, Bismarck montre bien qu'il a appris par l'expérience du gouvernement et des hommes qu'un pouvoir sérieux et national, un pouvoir monarchique doit toujours —

quels que soient ses convictions, ses préjugés, ses tendances, ses origines même — finir par s'accorder avec le catholicisme, qui est le plus grand élément de conservation et d'ordre des sociétés. Bismarck, luthérien, faisait profession de haïr l'Église. Mais il avouait qu'un homme d'État intelligent doit toujours s'entendre avec Rome. Il disait à Mgr Vallet :

Je suis toujours prêt à traiter le Pape comme un souverain. Le Pape est un souverain, Il faut le traiter comme un monarque. J'accréditerai un ministre auprès de lui. Et le Pape accréditera quelqu'un auprès de mon maître.

Et il ajouta ces mots qui prennent aujourd'hui toutes les apparences d'une leçon : « Il faut d'abord un Concordat. » Et, ajoute Mgr Vallet, « le prince savait à peu près par cœur le texte de tous les Concordats. Il se mit à les réciter. » Et cette récitation dura bien vingt minutes.

Citons encore de cette conversation historique deux phrases qui ne dépareraient pas Machiavel et qui caractérisent la politique et l'esprit de Bismarck. Il se plaignait que le cardinal Nina lui eût demandé de retirer les loi de mai, les plus persécutrices de tout le Kulturkampf.

Nina, dit-il, n'est pas sérieux. Est-ce qu'on demande à un homme d'État de rapporter des lois qu'il a demandées au Parlement de son pays ? C'est la désuétude qui fait tomber les lois. Si moi, Bismarck, je dis qu'elles ne seront pas appliquées, est-ce que cela ne suffit pas ? Elles ne seront plus appliquées.

Et ceci, sur l'usage qu'il convient de faire des constitutions et le respect qu'il faut leur accorder :

À la mort de Colbert, votre grand roi, qu'on plaignait pour la perte d'un tel homme, répondait : « J'ai formé un Colbert, j'en formerai bien un autre. » — Eh bien ! moi aussi, *si parva licet componere magnis*, je dis : J'ai donné une constitution à l'empire d'Allemagne pour la former ; si c'est nécessaire, je lui donnerai une autre constitution pour la sauver.

Dans cet orgueil, dans ce mépris, dans ce réalisme, se révèle tout entier Bismarck.

II - LE DUC DE BROGLIE ET M. DE GONTAUT-BIRON

Dans le numéro de la *Revue historique* que nous avons cité, M. Émile Bourgeois, qui n'a pas pardonné le 16 mai au duc de Broglie, tient à prouver que cet homme d'État réactionnaire n'est pas un historien digne de ce nom. Et, pour en faire la démonstration, il compare les *Souvenirs* de M. de Gontaut-Biron, parus en janvier 1906, au livre que le duc de Broglie avait écrit il y a une dizaine d'années sur la mission que remplit à Berlin notre premier ambassadeur après le traité de Francfort. Le duc de Broglie avait eu entre les mains, pour écrire son ouvrage, les notes de M. de Gontaut-Biron. Il les avait jointes à ses propres papiers et à ses propres souvenirs du ministère. Il est donc naturel que les deux ouvrages ne concordent pas sur tous les points de détail d'une manière parfaite. Il est naturel aussi que le duc de Broglie, grand lettré, accoutumé à l'art d'écrire, ait quelquefois ajouté au texte un peu rapide et sommaire, au texte d'homme d'affaires qui est celui de M. de Gontaut, quelques remarques d'ordre psychologique. Doué de plus de sensibilité patriotique que M. Émile Bourgeois, il se met quelquefois à la place de M. de Gontaut, arrivant après nos désastres chez le vainqueur, se trouvant isolé dans une ville ennemie, dans une cour dont il ne connaît pas la langue, devant un chancelier féroce et qui parle avec la dureté et la brutalité d'un triomphateur. Sans doute, il serait exagéré de dire que la littérature qu'a faite à ce sujet le duc de Broglie appartient au genre sublime. Mais elle convient fort bien au sujet et elle se trouve tout indiquée par les pages de ses *Souvenirs* où le vicomte de Gontaut-Biron a témoigné lui-même d'une émotion facile à concevoir et à partager.

Il n'est pas malaisé à M. Émile Bourgeois de triompher du duc de Broglie à l'aide de quelques omissions ou erreurs de dates. Après quoi, il est fort commode de dire que le duc de Broglie historien ne mérite aucune confiance, que son livre ne vaut rien, que la thèse en est infirmée puisque la date des dépêches n'y est pas toujours respectée.

Si le duc de Broglie et le vicomte de Gontaut ne sont pas absolument d'accord sur quelques textes ou quelques dates, — sujets où seules les archives du quai d'Orsay et celles de la Wilhelmstrasse, et non des livres imprimés, seraient à consulter, — le ministre et l'ambassadeur s'entendent parfaitement sur un point que les Mémoires du prince de Hohenlhe sont encore venus confirmer et mettre en lumière ; à savoir que Thiers fut l'homme de gouvernement préféré de Bismarck après la guerre ; qu'il fut, le mot n'est pas trop fort et on peut le dire sans hésiter aujourd'hui, l'instrument de l'Allemagne pendant toute la période du relèvement français. Et même, ce que le duc de Broglie n'avait dit que par allusion académique, avec des pudeurs d'ancien adversaire, et exactement comme un homme qui se croit tenu à quelque ménagement pour un ancien confrère des Assemblées, toutes ces choses terribles pour la mémoire de M. Thiers, le vicomte de Gontaut-Biron les a dites avec la dernière netteté.

Or, le critique de la *Revue historique* ayant dû choisir entre le duc de Broglie et le vicomte de Gontaut-Biron, puisqu'il corrigeait l'un à l'aide de l'autre, a été contraint d'affirmer que le second est absolument digne de foi. Concession dangereuse pour les républicains. M. Émile Bourgeois s'est si bien aperçu du danger qu'il y avait à authentiquer les *Souvenirs* de M. de Gontaut, qu'il se résout à aborder la difficulté de front. Il reproche purement et simplement au duc de Broglie de n'avoir pas assez dit de quelle faveur M. Thiers jouissait à Berlin, *dans la crainte de trop le mettre en valeur*. Les ménagements, les égards du duc de Broglie sont bien récompensés ! C'est d'ailleurs toujours ainsi que les timidités se payent en politique. M. Émile Bourgeois a eu beau jeu à renverser la situation. Il va jusqu'à faire grief au duc de Broglie de n'avoir pas dit « un mot des éloges très accentués de la femme du prince impérial pour M. Thiers, du plaisir de M. de Bismarck que l'Assemblée française ait refusé la démission de M. Thiers… »

Même manœuvre pour les passages de ses dépêches où M. de Gontaut signalait l'inquiétude et la mauvaise humeur avec lesquelles les tentatives de restauration monarchique et la politique catholique de l'Assemblée étaient vues à Berlin. Devant cette attitude de l'Allemagne, le patriotisme devait faire un devoir à tout homme d'État français de renoncer et au roi et à la religion, conclut M. Émile Bourgeois. C'est tirer avec effronterie exactement le contraire de la moralité politique que comportent les menaces de Bismarck contre la monarchie, ses craintes à l'égard du catholicisme et de la coalition blanche, imminente en Europe après la guerre, sa préférence pour le régime républicain chez ses ennemis vaincus. C'est nier exactement aussi la leçon que tirait, de ces événements M. de Gontaut lui-même lorsqu'il écrivait à son chef que l'opinion de Bismarck sur les affaires de France devrait être, pour tout bon Français, une raison suffisante de se tenir au point de vue opposé.

Mais tout ce qu'il nous importe de retenir, c'est l'exactitude affirmée et démontrée par la *Revue historique* des souvenirs d'ambassadeur de M. de Gontaut-Biron.

- - - - - -

III - JUGEMENT DE BISMARCK SUR LA MISSION DE M. DE GONTAUT-BIRON

« Si, en France, après le traité de Francfort, un parti catholique, royaliste ou républicain, fût resté au pouvoir, il eût été difficile d'empêcher la guerre de recommencer. Car il eût alors été à craindre que les deux puissances que nous avions combattues, l'Autriche et la France, ne se rapprochassent l'une de l'autre sur le terrain commun du catholicisme pour nous attaquer. Et le fait qu'en Allemagne, comme en Italie, il ne manquait pas d'éléments chez qui le sentiment confessionnel l'emportait sur le sentiment national, aurait encore renforcé et encouragé cette alliance catholique. Aurions-nous pu, en face de cette alliance, trouver à notre tour des alliés ? Cela n'est pas sûr. En tout cas, il eût dépendu de la volonté de la France, en accédant à l'entente austro-française, d'en faire une coalition formidable, comme pendant la guerre de Sept-Ans, ou bien de nous tenir à sa discrétion sous la menace diplomatique d'une pareille éventualité.

« Avec la restauration d'une monarchie catholique en France, la tentation de prendre une revanche en commun avec l'Autriche serait devenue beaucoup plus forte. C'est pourquoi, estimant que tout ce qui était pour cette restauration était en même temps ennemi de l'intérêt allemand et de la paix, j'entrai en hostilités avec les représentants de cette idée. De là vinrent les difficultés auxquelles j'eus à faire face avec l'ancien ambassadeur de France Gontaut-Biron et notre ancien ambassadeur à Paris, le comte Harry Arnim. Le premier, qui était légitimiste et catholique, agissait dans le sens de son parti. Quant à l'autre, il spéculait sur les sympathies légitimistes de l'empereur pour discréditer ma politique et devenir mon successeur. Gontaut, habile et aimable diplomate de vieille famille, trouva des points de contact avec l'impératrice Augusta, d'une part dans la préférence que montrait cette princesse pour les éléments catholiques et pour le centre, avec qui le gouvernement était alors en lutte, d'autre part dans sa qualité de Français, qui était pour l'impératrice un titre de recommandation égal à la qualité d'Anglais. Les domestiques de Sa Majesté parlaient français. Son lecteur français, Gérard, entrait dans l'intimité de la famille impériale et voyait sa correspondance. Tout ce qui était étranger, à l'exception des Russes, avait pour l'impératrice le même attrait que pour tant de petits bourgeois allemands... Gontaut-Biron, qui en outre était de grande famille, n'eut donc pas de difficultés à prendre à la cour une influence qui par plus d'un canal parvenait jusqu'à la personne de l'empereur.

« Que l'impératrice, dans la personne de Gérard, ait pris pour lecteur un agent secret du gouvernement français, c'est une énormité qui ne s'explique que par la confiance qu'avait

179

acquise Gontaut à l'aide, à la fois, de son habileté et de l'appui d'une fraction de l'entourage catholique de Sa Majesté. Pour la politique française comme pour la situation, de l'ambassadeur de France à Berlin, c'était évidemment un énorme avantage que de voir un homme comme Gérard dans la maison, impériale...

« L'activité de Gontaut au service de la France ne se bornait pas à la sphère de Berlin. Il se rendit en 1875 à Pétersbourg pour préparer avec le prince Gortschakoff le coup de théâtre qui, à la veille de la visite du tsar Alexandre à Berlin, devait faire croire à l'univers que le tsar seul avait protégé la France désarmée contre une agression allemande... » *(Pensées et Souvenirs* du prince de Bismarck, II, XXVI, p. 168 et s. — Ce chapitre est intitulé : *Intrigues.)*

Le cauchemar des coalitions.

« Le comte Schouvaloff avait tout à fait raison quand il me disait que l'idée des coalitions me donnait de mauvais rêves. Nous avions fait des guerres heureuses à deux grandes puissances européennes. Il s'agissait d'enlever au moins à l'un de ces deux puissants adversaires la tentation de prendre une revanche grâce à l'alliance de l'autre. Ce ne pouvait être la France, de l'avis de quiconque connaissait l'histoire et le caractère national français. Du moment qu'un traité de Reichstadt pouvait être conclu sans notre consentement et à notre insu, la vieille coalition de Kaunitz : France, Autriche, Russie, n'était pas non plus impossible, dès que les éléments qui lui étaient nécessaires et qui existaient à l'état latent en Autriche arriveraient au pouvoir dans ce pays. L'antique rivalité, l'antique aspiration à l'hégémonie allemande, fussent alors redevenues un facteur de la politique autrichienne qui pouvait trouver des points d'appui soit en France, comme il en. avait été déjà question au temps de Beust et de la rencontre de Salzbourg, soit dans un rapprochement avec la Russie, tel qu'il était indiqué dans l'arrangement secret de Reichstadt. » *(Ibidem*, au chapitre XXIX, intitulé *la Triplice.* p. 233.)

- - - - - -

IV - L'ENSEIGNEMENT DE L'HISTOIRE CONTEMPORAINE DANS L'UNIVERSITÉ

Un professeur d'histoire moderne à la Sorbonne, M. Ernest Denis, a publié une *Histoire de la fondation de l'Empire allemand*. Il est singulièrement instructif de constater que l'auteur, qui se place au point de vue révolutionnaire, démocratique et anticlérical, pousse à leurs dernières conséquences les idées napoléoniennes et le principe des nationalités.

Éclairée par les catastrophes de 1870-71, l'élite intellectuelle de notre pays presque tout entière avait alors compris que nous venions de payer chèrement les erreurs du siècle. C'est pourquoi, imitant ces philosophes allemands qui après Iéna travaillèrent à exalter le patriotisme, à le fonder en raison et à préparer par là les revanches futures, les Renan, les Taine, les Fustel de Coulanges, conscients de la grandeur du rôle qui leur incombait, se consacrèrent à instruire et à redresser l'opinion française. Mais la République et son Université ne devaient pas tarder à rendre vain leur effort. Quinze ans après la guerre, le bel élan patriotique et national était égalé puis bientôt dépassé par le renouveau de la propagande démocratique, protestante, néo-kantienne. Le point de vue français, un moment occupé, fut encore une fois abandonné par nos historiens et par nos éducateurs. C'est M. Lavisse, par exemple, qui, dans l'introduction de ses *Essais sur l'Allemagne impériale*, écrivait des pages où le plus pur internationalisme se trouve déjà en puissance. L'unanimité qui s'était faite chez nous après le traité de Francfort était dès lors rompue. Aujourd'hui, les événements de 1870 sont ouvertement exposés et appréciés, dans leurs effets et dans leurs causes, par des historiens pour qui la France n'est rien de plus qu'un des facteurs de l'évolution universelle.

Le livre de M. Ernest Denis peut être considéré comme le type de cette sorte d'histoire morale et religieuse qui a passé de la Bible dans le protestantisme et du protestantisme dans l'Université de la République. M. Ernest Denis a raconté la formation de l'unité allemande dans un esprit purement idéaliste et mystique. M. Denis ne cache d'ailleurs ni ses procédés ni ses intentions. « Je ne me dissimule pas, écrit-il dans son introduction, combien ma conception de l'histoire s'éloigne de l'histoire dite scientifique qui est aujourd'hui en faveur. » M. Denis écrit en effet l'histoire dans un dessein apologétique. Il s'agit pour lui de montrer que la Liberté, la Justice et le Progrès, dieux de la politique et des armées, combattent pour les bons, c'est-à-dire pour les puissances protestantes et libérales, contre les méchants, c'est-à-dire contre les puissances de catholicisme et de réaction. Ce n'est pas l'Autriche, ce n'est pas la France, qui ont été vaincues à Sadowa et à Sedan : c'est l'autocratie des Habsbourg et la tyrannie des Napoléon. Et leur véritable vainqueur, ce fut l'esprit de Luther et de Kant. Cet esprit-là amène immanquablement la victoire dans le camp qui l'a choisi. Sadowa et Sedan furent un châtiment. Mais la France des Droits de l'Homme, la France de la République a bien mérité de l'idéal. M. Denis prophétise à notre pays, en récompense d'un culte irréprochable pour les immortels principes, des réparations certaines. Sa foi est entière. Il sait que les choses se passeront ainsi. Sa religion l'en assure. « Après Rosbach, Valmy », écrit-il. La monarchie fut châtiée à Rosbach, mais la démocratie — *hoc signo vinces* — fut couronnée dans les Ardennes par une infaillible Providence. Ainsi concevait-on, ou à peu près, l'histoire super *flumina Babylonis*. Ainsi la conçoit M. Ernest Denis, professeur très contemporain d'histoire moderne à l'Université de Paris.

Il va sans dire après cela que l'intérêt de la France est totalement étranger aux saintes écritures de M. Ernest Denis. Ni science ni réalisme. Nous sommes dans le domaine de la théologie pure. On sent que ce professeur ne dit jamais « nous » en parlant de la France que par un reste d'habitude.

Mais la notion de France n'existe pas en réalité pour M. Denis. Il distingue, sur le sol français, des catholiques, des bourgeois, des bureaucrates, des prolétaires, de bons croyants de l'observance humanitaire et des croyants plus tièdes. Mais la France, il ne sait ce que c'est. À titre d'exemple, voici, à propos de la guerre de 1866 et de Sadowa, la manière dont M. le professeur Denis apprécie la victoire prussienne et ses conséquences. Recherchant « les causes de la catastrophe », il écarte d'abord la responsabilité personnelle (maladresse, hésitation, maladie) de Napoléon III. Ces causes pour lui sont toutes morales. La France, dans cette affaire, fut punie de n'avoir pas soutenu assez franchement le droit des peuples. Donc, ces causes, dit M. Denis,

il convient de les chercher dans l'évolution entière de la France nouvelle qui, tiraillée entre des tendances contradictoires, ne parvenait pas à opter entre la politique du passé et celle de l'avenir, entre les traditions conservatrices et l'optimisme révolutionnaire, entre les défenseurs de l'équilibre européen et les prophètes des nationalités. Les diplomates de carrière, dont Thiers fut à cette époque le porte-parole, demandaient que l'on maintînt les traités de Vienne qui, s'ils nous avaient enlevé les conquêtes de la Révolution, garantissaient notre sécurité en établissant sur nos frontières des petits États, divisés et contenus par leur ambition réciproque : il suffisait d'un geste, moins encore, d'une volonté d'abstention nettement formulée, pour arrêter les fracas des convoitises qui s'agitaient autour de nous... Les jeunes gens, les démocrates, les représentants des doctrines humanitaires, qui avaient préparé la révolution de 1848, rougissaient de ces calculs mesquins. Fallait-il imposer à la France le rôle qui avait jadis discrédité l'Autriche ? Le pays qui avait proclamé le premier le droit des peuples deviendrait le garde-chiourme des nations et n'aspirerait à d'autre gloire que celle de continuer la Sainte-Alliance ! Qu'il aidât au contraire les esclaves à briser leurs chaînes, et il trouverait dans leur reconnaissance une garantie plus sûre que dans les calculs mesquins des gouvernements ; les nations satisfaites oublieraient leurs rancunes, et une ère nouvelle de paix et de travail fécond s'ouvrirait sous l'hégémonie morale de la France.
— *Générosité téméraire et magnanime qui aurait peut-être réussi si*

elle avait été suivie avec une persévérante loyauté et sans arrière-pensée.

On voit que, depuis Edgar Quinet, la religion humanitaire s'est perfectionnée. Quinet voulait que la France fût « le Christ des nations ». M. Denis ajoute que c'est aussi le moyen de réussir et que les pures intentions morales, le sacrifice sans réticence, ne donnent pas seulement la gloire, et la palme du martyre, mais encore le succès.

Il est vrai que l'on se demande ce que M. Denis ferait du succès lui-même. Nous avons dit qu'il ne s'intéresse pas à la France. La preuve en est qu'après avoir résumé le grand discours prophétique de Thiers du 3 mai 1866, il nie que Thiers exprimât à ce moment autre chose que « les inquiétudes de la « bourgeoisie traditionaliste ». En d'autres termes, le patriotisme est affaire de bourgeois et de réactionnaires. La France démocratique est affranchie de leurs inquiétudes. Ces vils intérêts matériels et politiques ne l'occupent pas. On reconnaît ici la théorie de la guerre des classes, la théorie de M. Gustave Hervé.

C'est la même théorie, mais avec le ton cagot en plus. Car M. Ernest Denis se soucie encore moins du prolétariat que de l'idéal, de la moralité supérieure de l'humanité et du sens mystique de l'histoire universelle. Les intentions l'intéressent plus que tout. Avec la patience, le scrupule et l'habileté du Torquemada romantique, il cherche au fond des consciences les tares et les impuretés. Il y a un bel exemple de cet esprit, casuistique et inquisitorial dans le parallèle qu'il établit entre l'âme autrichienne et l'âme prussienne.

Pour M. Denis, ce n'est ni la politique de Bismarck ni l'effort héréditaire des Hohenzollern, ce n'est ni le fusil Dreyss ni la stratégie de Moltke qui ont décidé de la victoire à Sadowa. C'est le protestantisme, la liberté de conscience et l'individualisme qui sont vainqueurs de Rome, du catholicisme et du principe d'autorité, « c'est Luther et Kant qui l'emportent définitivement sur Canisius et Lamormain ».

Mais le luthéranisme et le kantisme de la Prusse ne satisfont pas encore complètement M. Denis. Il y découvre des lacunes et des scories. M. Ernest Denis, se voyant dans l'impossibilité de nier que les institutions monarchiques de la Prusse, la discipline de ses armées, son bon armement, son entraînement et son patriotisme intense aient fait pour la victoire au moins autant que Kant et que Luther, se garde bien de ne pas tenir compte de ces éléments-là. Ainsi le Loriquet de la légende, dont il s'égaye à ses heures, n'avait pas l'imprudence de mettre en doute que Bonaparte eût existé. Seulement il arrangeait la vie de Bonaparte à sa manière. M. Denis en use d'une façon encore plus subtile avec les gênantes réalités de l'histoire. Sans doute, dit-il, la Prusse avait une monarchie réactionnaire, un ministre machiavélique, un caporalisme étroit, un « chauvinisme inférieur ». Mais tout cela, qui, sans doute, engendre les vertus guerrières, « suppose d'ordinaire d'assez graves imperfections morales, la dureté, le mépris du faible et du vaincu, l'hypocrisie aussi ». Dès lors, les « imperfections morales » étant, dans la mythologie de notre professeur, ce qui fait échouer les plans des diplomates et battre les armées, il faut admettre que c'est en dépit de ces imperfections que la Prusse a été victorieuse, et que l'éternelle justice a passé condamnation sur elles, en faveur de l'excellence de la cause prussienne — celle de Luther et de Kant.

M. Ernest Denis, républicain très avancé, ne reproche qu'une chose à la politique étrangère de Napoléon III : c'est de n'avoir pas assez hardiment, de n'avoir pas intégralement appliqué le principe des nationalités. Il fallait que de ses mains, et au besoin du sang de ses soldats, la France aidât à la naissance de l'unité allemande comme elle avait aidé l'unité italienne. Il fallait jusqu'au bout, et quoi qu'il en pût coûter, faire triompher le « droit des peuples ». Napoléon III nous a entraînés dans sa catastrophe parce qu'il n'est pas allé assez loin dans là politique révolutionnaire et napoléonienne. C'est de l'idéalisme exaspéré, c'est du fanatisme. Mais c'est exactement conforme à l'esprit du testament de Sainte-Hélène comme à la thèse de M. Émile Ollivier.

- - - - - -

V - LIVRE D'UN DISCIPLE DE M. RANC
SUR LES « RESPONSABILITÉS » DE 1870.

Lancée par M. Émile Ollivier dans l'été de 1906, en pleine lutte religieuse, la question du pouvoir temporel et de ses conséquences sur les événements de 1870 n'a plus été abandonnée. Elle venait à point pour servir les vues de l'anticléricalisme et seconder contre l'Église et les « fonctionnaires de l'étranger » la campagne de M. Clemenceau et d'une certaine presse qui s'était découvert tout à coup un nationalisme intransigeant. Aussi un écrivain de gauche, M. Henri Genevois s'est-il empressé de donner une édition nouvelle et mise au point d'un ouvrage sur les « responsabilités générales » des événements de 1870-71 qui est, à la fois, une apologie du gouvernement de la défense nationale et de son oeuvre, et un pamphlet contre les conservateurs et la politique traditionnelle de la France. Il est intéressant de parcourir ce livre, dont le patriotisme particulier est mis sous le patronage de M. Ranc. Nous ne rétablirons pas à son sujet les vérités et les réalités d'ordre historique et politique qui sont maintenant clairement établies dans là question des alliances de 1870. L'ouvrage du disciple, ami et protégé de M. Ranc, est un ouvrage de polémique. C'est à ce seul titre qu'on peut l'examiner.

La thèse est simple : ce qui a perdu la France, c'est son dévouement aux intérêts de Rome, c'est de n'avoir pas assez fait pour l'imité italienne. Un peu plus de sacrifices à l'Italie, et nous avions à jamais une alliance indéfectible. De 1849 à 1870, tout ce qui s'est fait pour l'Italie s'est fait pour la France, tout ce qui s'est fait pour le Saint-Siège s'est fait contre la France. La première expédition de Rome en 1849 ce fut « le premier acte de ce drame historique : *la Trahison de*

186

la France, au profit de l'Eglise, dont le traité de Francfort fut l'épilogue, — et dont la séparation de l'Église et de l'État est la sanction tardive. Aboutissement fatal, longtemps attendu par tous ceux qui croient à cette injustice immanente qui sort des choses. » On voit l'actualité de la thèse : la séparation est ainsi présentée comme une réparation nationale, le châtiment du tort que la protection de l'indépendance du Saint-Siège a causé à la patrie.

Il est curieux d'observer que le point de vue auquel se placent les écrivains et les publicistes de l'opinion de M. Henri Genevois dans leurs jugements sur le second Empire n'est plus tout à fait celui des jours héroïques de l'opposition. Le Deux-Décembre est sans doute un crime abominable. Mais on en parle moins. La rhétorique des *Châtiments* n'a plus cours. On n'accable plus la mémoire de Badinguet des souvenirs du coup d'État. Napoléon III est devenu presque sympathique aux républicains. Ils retrouvent en lui la plupart de leurs principes et de leurs idées. Ils ne sont pas loin de l'appeler, comme M. Jean Guétary, « un grand méconnu ». Napoléon III était démocrate, révolutionnaire, socialiste. Il avait écrit l'*Extinction du paupérisme* et il était d'avis que, pour les riches, l'impôt est le meilleur des placements. Il n'y à rien a reprendre dans sa littérature. Son tort, son vrai tort n'est même pas d'avoir été dictateur et César : c'est d'être tombé, vers, la fin de son règne, sous l'influence de l'impératrice, de n'avoir pas persévéré dans sa politique de gauche, d'avoir abandonné le principe des nationalités, la cause de l'unité, italienne et de l'unité allemande, de s'être fait dans une certaine mesure le protecteur du catholicisme. Par un détour vraiment admirable, M. Henri Genevois plaint et même il excuse Napoléon III de s'être laissé endoctriner par le cléricalisme. C'est l'impératrice Eugénie, « l'Espagnole » comme il dit, qui est rendue responsable de tout le mal.

Il est bien vrai que si l'impératrice eut, comme on l'affirme, une politique personnelle, c'était la vraie politique traditionnelle de la France. Seulement elle fut inaugurée trop

187

tard, quand les plus grosses fautes, les fautes irréparables, étaient commises, quand Sadowa était un fait accompli. Si l'impératrice a dit et a fait tout ce dont aujourd'hui on l'accuse, c'est elle qui a vu clair. On a raconté bien des fois que l'impératrice, était légitimiste. On connaît le mot du duc de Morny, qu'Alphonse Daudet, alors jeune homme et qui lui servait de secrétaire, voulait quitter sous prétexte qu'il était royaliste : « Qu'est-ce que cela fait ; répartit tranquillement Morny, l'impératrice l'est bien ! » M. Henri Genevois, qui ne manque pas de citer de nouveau cette anecdote, ajoute ceci : « L'impératrice avait repris un projet de la Restauration et s'était mis en tête de faire canoniser Louis XVI et Marie-Antoinette. La femme, de Napoléon III voulait reprendre l'œuvre des Bourbons... » Plût au ciel qu'elle y eût réussi plus complètement et plus tôt et que son influence eût toujours été assez forte pour empêcher les fautes qu'elle voyait commettre et qui révoltaient son sentiment conservateur. Alors que l'empereur et avec lui toute l'opinion libérale s'engouait follement pour l'idée de l'Italie une, l'« Espagnole » voyait plus juste que tous les Havin et tous les Guéroult. Le catholicisme fut pour elle un bon inspirateur dans cette circonstance. Et si son ascendant avait pu l'emporter sur les chimères de Napoléon III, sur la pression des libéraux, sur les engagements pris à l'égard des révolutionnaires italiens, peut-être la funeste campagne de 1859 n'aurait-elle pas eu lieu. Et que de conséquences désastreuses eussent été évitées ! Du moins fit-elle tout son possible pour empêcher la reconnaissance du royaume d'Italie. Imbert de Saint-Amand, dans son livre sur *le Règne de Napoléon III*, a raconté cette scène qui, si elle est vraie, est à l'honneur de la souveraine :

Cavour venait de mourir. Un conseil des ministres se tenait au palais de Fontainebleau. L'impératrice y assistait. — M. le ministre, dit le souverain à M. Thouvenel, veuillez, je vous prie, renseigner le conseil sur l'état de nos relations avec l'Italie. — Le ministre tira de son portefeuille et se mit à lire le rapport concluant à la reconnaissance du nouveau royaume. Au milieu de la lecture, la souveraine se leva brusquement, avec les signes d'une violente agitation. Des larmes jaillissaient de ses yeux. Elle quitta la salle reconduite par le maréchal Vaillant, sur la prière de l'empereur.

En face de cette scène, M, Henri Genevois en place une autre qui fait pendant. Elle est rapportée par le sceptique Mérimée dans une lettre à Panizzi. « Il y a quelques jours », raconte Mérimée le 11 juillet 1862 :

> la princesse Mathilde avait eu l'imprudence d'aller a la messe à Saint-Gratien, où elle a une maison de campagne. Le curé s'est avisé de faire une prière improvisée pour que le bon Dieu ouvrit les yeux des grands de la terre et leur inspirât de ne plus persécuter le vicaire de Jésus-Christ. La princesse s'est levée furieuse et est sortie de l'église sur-le-champ.

Le rapprochement est piquant. Et l'événement à montré depuis laquelle avait raison de l'impératrice Eugénie ou de la princesse Mathilde. L'une avait réagi en catholique, l'autre en pure « napoléonienne ». Et c'est la première qui voyait en même temps l'intérêt de la France. Ses larmes, tout Français clairvoyant eût dû les verser, quand fut reconnu le royaume d'Italie. N'était-ce pas Proudhon lui-même, peu suspect de cléricalisme, qui annonçait les malheurs que nous amènerait l'unité italienne, qui nous menaçait de l'ingratitude prochaine de la nouvelle nation ? Autant que l'impératrice, Proudhon était opposé à la reconnaissance du royaume de Victor-Emmanuel. Il accusait la presse française de manquer de patriotisme. Il demandait ironiquement si « les suffrages du *Siècle*, de *l'Opinion nationale*, de *la Presse*, du *Temps* peut-être et des *Débats* valaient les trois cents évêques venus à Rome des cinq parties du monde qui votèrent dernièrement l'adresse au Saint-Père ». Et dans cette courageuse et historique brochure qui s'appelle la *Fédération et l'unité en Italie*, et qu'on pourra toujours utilement opposer à la thèse anticléricale sur la question italienne, il écrivait encore ces lignes prophétiques :

Des faiseurs d'amplifications croient avoir tout dit quand ils ont parlé des races latines ! Ignorent-ils ou feignent-ils d'ignorer que les États les plus antagonistes sont justement les États limitrophes, et les nations les moins faites pour s'unir celles qui se ressemblent le plus ? En politique nos ennemis sont nos voisins : cet axiome est aussi sûr que pas un de Machiavel. En 1854, l'Autriche, a étonné le monde par son ingratitude envers la Russie, sa bienfaitrice : c'est que l'Autriche, pour les trois quarts de sa population, est, comme la Russie, un empire slave, et que si ces deux grands États ont des intérêts semblables, précisément pour cela ils sont contraires. Fallait-il nous donner à nous-mêmes le régal de l'ingratitude italienne ? Certes, elle n'a pas attendu, pour se produire, que l'unité fût formée. Elle éclate tous les jours, depuis quatre ans, dans les imprécations des tribunaux, dans les articles des journaux, et jusque dans les protestations d'amour et de reconnaissance adressées par le parlement de Turin à Napoléon III.

Proudhon avait, pour exprimer sa pensée, sa dialectique et sa verve. L'impératrice n'avait que des larmes, des nerfs et des intrigues de femme. La « camarilla semi-bonapartiste et semi-jacobine », comme la définissait si bien Proudhon lui-même, l'emporta : elle flattait à la fois l'erreur de l'opinion et la chimère de l'empereur. Mais c'étaient le philosophe indépendant et l'impératrice espagnole, avec ce que le pays gardait, de patriotes intelligents et de purs traditionnels, qui avaient discerné où se trouvait l'intérêt, de la France et qui l'avaient défendu.

- - - - - -

VI - QUAND IL N'Y AVAIT PAS D'ALLEMAGNE

Une curieuse dispute s'est élevée en juillet 1906 entre le *Messager d'Alsace-Lorraine*, organe de la tradition alsacienne de fidélité par goût et par choix à la France, et la *Strassburger Post*, organe de la germanisation et de l'Empire.

Un rédacteur hambourgeois de ce journal officiel du statthalter a découvert qu'Edmond About, dans un roman intitulé *Madelon* et paru avant la guerre de 1870, nomme les Alsaciens des « Allemands ». Il reste étonné et joyeux de sa trouvaille. Et il demande avec insistance aux annexés ce qu'ils en pensent. — N'est-ce pas, leur fait-il observer, l'aveu que les Français eux-mêmes n'ont jamais considéré l'Alsace comme terre française ? la justification des prétentions allemandes sur la rive gauche du Rhin ? l'excuse et la raison d'être de la guerre de 1870 et du traité de Francfort ? En vous annexant à l'Empire, nous vous traitions comme des frères égarés et vous répondiez : « Nous ne sommes pas du tout vos frères. » Vous l'étiez si bien que ces compatriotes français que vous faites profession de chérir si fort vous regardaient eux-mêmes, comme des étrangers, comme des Allemands. Qu'avez-vous à répondre à cela ?

Le Messager d'Alsace-Lorraine a répondu très bien, très vite, très aisément.

Qu'Edmond About, rétorque-t-il à l'écrivain de Hambourg, ait nommé les Alsaciens des Allemands, que d'autres l'aient fait comme lui, que les compatriotes de Kléber eux-mêmes aient pris ce nom, cela ne prouve absolument rien en faveur de votre thèse et ne comporte pas les conséquences que vous en tirez. Il y a seulement trente-six ans, au mois de juillet 1870, *il n'y avait pas d'Allemagne*. L'Allemagne n'existait pas pour les chancelleries d'Europe qui ne connaissaient que la Prusse, la Saxe, la Bavière, le Wurtemberg et une vingtaine de menus États. Le mot *allemand* avait un sens en géographie, en ethnographie, en linguistique, en littérature, comme les mots scandinave, slave ou celte aujourd'hui. Mais il n'en avait aucun en politique. Edmond About disait très naturellement des Alsaciens que c'étaient des Allemands, et il les nommait ainsi dans ses livres, comme M. Pierre Loti appelle Ramuntcho un Basque et M. Emmanuel Delbousquet ses personnages des Catalans. Personne n'a jamais songé à nier que le dialecte alsacien fût un idiome germanique, ni que les Francs, les Alamans, les Burgondes et les Ripuaires fussent des tribus d'outre-Rhin. Vous embrouillez de mauvaise foi les faits et les dates et vous confondez le domaine de la politique et celui de la littérature. Soyez certain, que depuis le traité de Francfort personne en France ni en Alsace ne songe plus a nommer les Alsaciens des Allemands, car le mot allemand revêt un sens nouveau, celui de participant de votre communauté nouvelle et de fraîche date, où les annexés ne sont entrés que par violence et contre leur vœu.

Mais le *Messager d'Alsace-Lorraine* va plus loin. S'il explique le mot dont s'est servi About, il ne partage ni n'excuse l'état d'esprit dont cette expression témoigne chez l'écrivain libéral du second Empire.

Dans ce roman de *Madelon*, Edmond About parlait, comme d'une chose fort risible et matière à plaisanterie, d'un certain Mathias von Teufelsschwanz, prince de la confédération germanique, qui projette de partir en guerre contre l'ennemi héréditaire et de lui reprendre l'Alsace. Il va sans dire que, l'ironie n'était pas précisément le fait des gens de Hambourg, le correspondant de la *Strassburger Post* ne comprend rien à cette fantaisie dans la manière de *la Grande-Duchesse de Gerolstein* et qu'il y voit une nouvelle reconnaissance des droits de l'Allemagne et des torts de la France. Ici encore *le Messager*, après avoir fait justice du contresens, n'a pas eu de peine à répondre. Et sa réponse dépasse ses contradicteurs et va fort loin.

Quand About mettait en scène le personnage ridicule de Mathias von Teufelsschwanz (littéralement Mathias *qui tire le diable par la queue*), il traduisait l'opinion libérale, remplie de tendresse pour le peuple allemand, les idées allemandes, la sentimentalité germanique, mais accoutumée à traiter par le mépris et la dérision les princes et les gouvernements réduits à l'impuissance durant tout le siècle.

Les *espoirs allemands*, dit le *Messager*, paraissaient alors tellement chimériques, que, pour des hommes comme About, ils ne pouvaient être que l'objet de plaisanteries. Par frivolité, par négligence, par une coupable présomption nationale (*ajoutons : par aveuglement libéral*) le protégé de Napoléon III, ainsi que la plupart des Français de la fin du second Empire, négligeait d'accorder de l'importance à ce qui se passait outre-Rhin. Le malheureux ne se doutait pas que Mathias von Teufelsschwanz n'était pas une fiction, que loin d'être ridicule, il avait toutes les capacités d'un grand prince et qu'il s'appelait en réalité Guillaume Ier. Personne alors à de rares exceptions près, ne croyait au réveil national des

Germanies. Qui donc pouvait se douter que le vieil esprit de conquêtes et de rapines du Saint-Empire n'était pas à jamais disparu ? On avait foi en l'Allemagne rêveuse et mystique tant prônée par Mme de Staël, et tous les efforts vers la force et l'unité semblaient être les soubresauts de l'impuissance. Un peuple de penseurs et de poètes : cette folie était enracinée dans tous les cerveaux. Renan y croyait, Taine y croyait. Les écrivains de la Revue germanique en avaient fait un *Credo*. Qui donc aurait pu s'attendre au sanglant démenti de 1870 ?

Le Messager fait toucher ici du doigt la grande illusion libérale, romantique, révolutionnaire, qui eut son point de départ avec Mme de Staël et fut représentée jusque sur le trône de Napoléon III. La politique des nationalités se rattache étroitement à la littérature romantique. Il y a un lien entre Magenta et *Corinne*. Il y en a un entre Sadowa, Sedan et le livre *De l'Allemagne*. On croyait, on voulait croire à la vertueuse, à la philosophique Germanie. Pourtant n'est-ce pas Gœthe lui-même qui disait, précisément après avoir lu l'ouvrage de Mme de Staël, que les Français avaient tort de trop compter sur la candeur allemande ? C'est de la candeur française qu'il eût bien mieux valu parler. Aussi Gœthe en plaisantait-il, non sans lourdeur : « Ils ne consolideront pas leur coffre-fort, disait-il en parlant de nous, et on le leur volera. » Ce qui s'est accompli à la lettre. Et il ajoutait, ce grand connaisseur et bon juge de ses compatriotes : « Mais si l'on veut apprendre à connaître la malhonnêteté des Allemands dans toute son étendue, il faut se tenir au courant de leur littérature. » Mme de Staël et ses successeurs, qui croyaient la connaître, ne l'avaient jamais lue qu'avec les yeux de la foi, de la tendresse et de l'illusion. De là l'origine de tant de catastrophes. De là cette incapacité de voir, de comprendre et de prévoir qui entraîna les conséquences trop connues que résume fort bien le *Messager d'Alsace-Lorraine*, sans craindre de raviver le chagrin de ses amis et de ses lecteurs par l'évocation des fautes commises et des occasions perdues :

Si l'on avait été capable de prévoir les événements, aurait-on attendu qu'il fût trop tard ? Entre 1830 et 1866, vingt occasions eussent été bonnes pour arrêter les efforts allemands. En 1866 encore, et même après Sadowa, — Bismarck lui-même en a fait l'aveu, — 50.000 hommes faisant une démonstration sur le Rhin auraient suffi à paralyser la Prusse. Six mois après, il était trop tard. La face de l'Europe allait changer.

Ce pauvre bonhomme d'About ne comprit tout cela que quand on le chassa de Saverne. Ses domestiques allemands, ses braves paysans *allemands*, à qui il serrait la main, étaient pour les nationalistes d'outre-Rhin des frères reconquis. About devait écrire *Alsace*. Cela suffira-t-il pour l'excuser d'avoir, dans *Madelon*, ignoré que la montée de la nouvelle Allemagne se préparait ?

Voilà de ces questions pour lesquelles la réponse part toute seule. « Ce pauvre homme d'About ! » *Le Messager* dit bien : tout l'esprit d'About ne fait pas que dans cette affaire il n'ait figure de dupe. Et son livre émouvant d'*Alsace*, écrit après, ne vaut pas telle page fameuse écrite avant, et où son collègue et son ami Prévost-Paradol prédisait avec tant de certitude le conflit qui devait, cette fois, créer des Allemands.

Quand il n'y avait pas d'Allemagne, il est évident, que la France avait une autre situation en Europe que celle que la fondation de l'unité lui a faite. Mais il est également vrai de dire que la langue, la littérature, la civilisation française, gagnaient elles-mêmes en prestige à l'émiettement des États germaniques. Pour ce prestige, pour cette influence, on peut dire que la date fatale, ce n'est pas 1866 ni 1870, comme en politique. Le déclin remonte plus haut : il commence à l'année 1813, aux guerres d'indépendance, au réveil du nationalisme dont les guerres de la Révolution et la domination napoléonienne furent la cause dans les pays d'outre-Rhin. Ici encore nous allons saisir le dommage qu'ont causé à la France les idées révolutionnaires et la conception romantique.

On sait que l'Académie de Berlin, en l'année 1783, mit au concours les questions suivantes proposées par Mérian, un Bâlois d'ailleurs, et lui-même de langue allemande : « Qu'est-ce qui a rendu la langue « française universelle en

Europe ? Est-il à présumer que la langue française conservera cette prérogative ? » On sait aussi que Rivarol, ayant répondu à ces questions, vit couronner son discours, resté célèbre. Ce qu'on ne savait pas, ce que M. Maurice Pellisson nous a appris par un article du *Mercure de France*, c'est que le discours de Rivarol partagea le prix avec une dissertation écrite en allemand par un Wurtembergeois. Or ce lauréat, nommé Schwab, n'avait pas soutenu autre chose que la thèse même de Rivarol, et il avait abondé comme lui dans le sens qui répondait aux vœux de l'Académie de Berlin. L'universalité de la langue française est due à ses hautes qualités, à ses caractères de politesse et de civilisation, et tout fait croire, tout, engage à souhaiter qu'elle conserve, pour le bien de la culture, des prérogatives méritées. Le français, disait Schwab, est et doit être le langage des hommes civilisés. Auprès de lui, tous les autres idiomes ne sont que jargons. Aucun ne peut rivaliser avec lui, aucun ne possède ces « qualités contagieuses », parce que le français est l'expression de quelque chose de supérieur que Schwab nomme la « politesse française » et qu'il définit ainsi :

Cette politesse, tient le milieu entre la timidité et la licence effrénée ; elle arrête les explosions des passions insociables ; dans sa bouche, les vérités désagréables qu'on ne saurait taire perdent ce qu'elles ont d'amer ; elle loue avec grâce et délicatesse ; elle représente les bienfaits rendus à un ami comme un soulagement donné à son propre cœur ; elle rapproche tous les états de la société et rétablit en quelque manière parmi les hommes l'égalité primitive. En un mot, c'est *la plus belle fleur de l'humanité* et elle suppose toujours une certaine bonté d'âme.

Et notre apologiste wurtembergeois concluait fortement son mémoire en prophétisant des destinées contraires à notre langue et à la sienne : « l'allemand ne peut être et ne deviendra jamais l'instrument universel de communication entre les Européens », tandis que, non seulement nous ne devons pas être jaloux de l'empire de la langue française, mais nous devons réunir nos vœux et nos efforts pour qu'elle devienne universelle ». À quoi le Bâlois Mérian ajoutait ces considérations :

Les Académies ne sont d'aucun pays particulier, mais de tous les pays, comme les sciences qu'elles cultivent et la vérité qu'elles professent. Elles doivent donc parler un langage intelligible à toutes les nations : *et l'allemand n'est point ce langage.* Leibnitz n'osa en faire celui de la Société royale instituée sous ses auspices avant la nôtre. Ce grand homme ne s'en servit pas lui-même et pour aucun usage important. C'est au contraire en français qu'il exposa ses plus belles découvertes physiques et géométriques, qu'il traita les sujets de la plus profonde philosophie et publia ses admirables écrits qui ont rempli la terre de la célébrité de son nom.

Ainsi s'exprimaient en 1784 à Berlin des savants de langue allemande. C'est sous l'invocation de Leibnitz qu'ils se plaçaient avec raison. Leibnitz avait prévu le mal, dont souffre, aujourd'hui le monde scientifique, de la multiplication des langues. Il savait que, dès que l'usage du latin cesserait d'être universel, la science et avec elle la civilisation, courraient les plus grands dangers. Il considérait comme une régression de l'esprit humain que chacun exprimât dans sa langue les vérités d'ordre général et d'utilité universelle. C'est pourquoi il voulait qu'à défaut du latin le français fût adopté par tout le monde savant. Si son exemple avait prévalu, si l'état d'esprit des Schwab et des Mérian (qui était, d'ailleurs, celui du grand Frédéric, lequel ignorait presque l'allemand), si cet état d'esprit avait duré, les savants d'aujourd'hui n'en seraient pas a inventer le pauvre idiome nommé *Esperanto*.

Mais cet état d'esprit ne dura pas. Un demi-siècle après le concours de l'Académie de Berlin, notre langue était honnie en Allemagne. On trouve dans les *Parerga et Paralipomena*, dont, une partie touchant les choses du style et du langage a été traduite par M. Dietrich, une page violente où Schopenhauer, qui connaissait si bien notre langue et notre littérature et en avait tiré tant de profit, traite le français comme voici :

Ce plus misérable des jargons romans, cette pire mutilation des, mots latins, cette langue qui devrait professer un profond respect pour sa soeur aînée, beaucoup plus noble qu'elle : l'italien ; cette langue qui a pour propriété exclusive la répugnante nasale, en, on, un, ainsi que le hoquetant et abominable accent sur la dernière syllabe, tandis que toutes les autres langues ont la longue pénultième douce et calinante ; cette langue où il n'y a pas de mètre et seulement la rimé, et le plus souvent sur é ou sur an, ce qui exclut la forme poétique, — cette misérable langue…

Qui a pu dicter à Schopenhauer ce chapelet d'injures ? D'où vient qu'il nomme ailleurs un « jargon dégoûtant » la langue dont Leibnitz et Frédéric II se servaient par élection et préférence ? D'où vient une si profonde contradiction entre l'opinion des académiciens berlinois de 1784 et celle du philosophe de 1850.

Sans, doute, dans cet espace de temps, la littérature allemande s'était enrichie. Sans doute elle avait eu Schiller et Gœthe. Mais l'Allemagne du XVIIIe siècle avait Lessing. La vraie raison n'est pas là. Elle est dans le grand mouvement d'indépendance et de nationalisme causé par la folle hégémonie napoléonienne. Elle est consécutive à Leipzig et à Waterloo, aux désastres de l'Empire mourant. Elle s'explique par l'invasion de la France et la double entrée des Alliés à Paris. On voit par cet exemple le tort que nous ont causé les erreurs des temps révolutionnaires. Loin de porter sur leurs ailes le nom français, les idées de 1789 lui ont finalement causé un mortel dommage. Non seulement Napoléon a laissé la France plus petite qu'il ne l'avait reçue. Non seulement il a rétréci ses frontières matérielles. Il faut encore dire que lui et le système dont il procède ont restreint les limites spirituelles de la France, et nui par là à l'humanité et à la civilisation mêmes.

.